朝日新書
Asahi Shinsho 803

新版
財務３表一体理解法

國貞克則

朝日新聞出版

はじめに

本書は、2007年に出版された『決算書がスラスラわかる 財務3表一体理解法』（朝日新書）と、その後2016年に改訂された『増補改訂 財務3表一体理解法』（同）の新版です（これまでの改訂の流れについては、これに続く〈「財務3表」シリーズの変遷〉をご参照ください）。

2016年の改訂では、貸借対照表（BS）の「純資産の部」の詳細、2007年に税法上大改正された減価償却の制度、組織再編の会計、国際会計基準（IFRS）などについて大幅に解説を加えました。

著者としては、2007年の初版本に書き残していたことをすべて書き尽くしたという気持ちだったのですが、そのことで『増補改訂 財務3表一体理解法』は300ページを超える分厚い本になっただけでなく、書籍の前半部分と後半部分のレベルに差が出てしまいました。

今回の改訂では、『増補改訂 財務3表一体理解法』をレベルに合わせて2冊に分け、基礎編を『新版 財務3表一体理解法』とし、発展編を『新版 財務3表一体理解法 発展編』としました。

『新版 財務3表一体理解法 発展編』の目次は、本書の目次欄にも掲載しています。『新版 財務3表一体理解法』と『新版 財務3表一体理解法 発展編』は元々一冊の本ですから、一冊の本が上下巻になっているイメージでとらえていただければと思います。

「財務3表一体理解法」という会計勉強法が世に出てから約15年になりますが、色あせることなく、じわじわと全国に拡がっているようです。お陰様で、「財務3表」シリーズはいまや90万部を超える出版部数になっています。独自に考案した勉強法である「財務3表一体理解法」が一定の評価をいただけたこと、また多くのみなさんの会計理解の一助になっていることをうれしく思います。

「財務3表一体理解法」は、これまでになかった全く新しい会計勉強法です。これまでの会計勉強法は仕訳《しわけ》のルールを一つひとつ覚えていくというものでした。一方で、「財務3表一体理解法」という会計勉強法は、会計の全体像と基本的な仕組みをまずザックリと理解するという勉強法です。

これを歴史の勉強に例えれば、歴史上の出来事とその年号を一つひとつ覚えることによって、最終的に歴史の全体像が理解できるといった勉強法と、歴史の中の大きな出来事の流れとつながりを押さえて、まずザックリと歴史の全体像を理解するという勉強法の違いだと思っていただければわかりやすいと思います。

これまでは、会計を完全に理解するにはかなりの時間がかかるというイメージがありましたし、現実的にもそうでした。まずは仕訳の勉強から始めて、そのうえで何年もの実務経験を経なければ、完全に理解することができないのが会計でした。これまで、会計を理解するにはそういう勉強法しかなかったのです。

しかし、会計が理解できるかどうかは勉強時間に比例するわけではありません。「財務3表一体理解法」を使えば、会計の仕組みが理解できるようになるまでの時間を飛躍的に短縮できます。

会計は難解で特殊な分野のように思えますが、その仕組み自体は極めてシンプルです。本書を読んで会計の全体像とその基本的な仕組みが理解できれば、これまでのように会社で会計の話になると口をつぐんだり、質問に躊躇したりといった、みじめな状態から解放されるでしょう。

さらに、会計の専門家になろうと思っている人にとっては、最初に本書を読むことで会計の全体像がわかり、簿記・仕訳の勉強の効率を高めることができると思います。

さあ、「財務3表一体理解法」を使って、会計の全体像と基本的な仕組みを理解してください。あなたの会計に対するイメージがガラリと変わると思います。

國貞克則

〈「財務3表」シリーズの変遷〉

私が書いた「財務3表」シリーズには、図のように「理解編」と「分析編」があります。

「財務3表」シリーズの変遷

出版年	理解編	分析編
2007	『決算書がスラスラわかる 財務3表一体理解法』	
2009		『財務3表一体分析法 「経営」がわかる決算書の読み方』
	↓ 改訂	↓ 改訂
2016	『増補改訂 財務3表一体理解法』	『財務3表図解分析法』
	↓ 改訂し2分冊に	↓ 改訂
2021	『新版 財務3表一体理解法』 この太枠の2冊が基礎編 『新版 財務3表一体理解法 発展編』	『新版 財務3表図解分析法』 一部の内容を発展編に移した

「理解編」は２００７年に『決算書がスラスラわかる 財務３表一体理解法』として初めて世に出ました。２０１６年に大改訂を行い『増補改訂 財務３表一体理解法』とし、今回の改訂でそれを２分冊にし、基礎編を『新版 財務３表一体理解法』、発展編を『新版 財務３表一体理解法 発展編』としました。

「分析編」は２００９年に『財務３表一体分析法「経営」がわかる決算書の読み方』が出版され、それが２０１６年に改訂され『財務３表図解分析法』になり、今回の改訂で『新版 財務３表図解分析法』になりました。

「理解編」と「分析編」の今回の同時改訂にあたって、『新版　財務3表図解分析法』は『新版　財務3表一体理解法』を読みさえすれば読み進められる内容にとどめました。『新版　財務3表一体理解法』と『新版　財務3表図解分析法』の2冊を基礎編という位置づけにしたことにより、この2冊の内容は改定前と比べて格段にわかりやすくなっています。

初めて会計を勉強される方は、本書でまず会計の仕組みを理解し、次に『新版　財務3表図解分析法』で財務分析について勉強してください。そして、さらに会計の理解を深めたい方は、『新版　財務3表一体理解法　発展編』に進んでいただければと思います。

また、『新版　財務3表一体理解法』、『新版　財務3表図解分析法』、『新版　財務3表一体理解法　発展編』の3冊は、改訂にあたり文字を大きくしたので、その面でもさらに読みやすくなっていると思います。

右記の3冊を読めば会計に関して不安なことは完全になくなると思います。本書で、会計に対するアレルギーがなくなれば、是非次の2冊にもトライしてみてください。

私の「財務3表」シリーズは、大学生から大企業の役員クラスまで幅広い層の方々が読んでくださっていることがわかっています。「財務3表」シリーズが今後さらに多くの人々に広まり、会計の理解に苦しむ多くのみなさんのお役に立つことを願っています。

新版　財務3表一体理解法

目次

『新版 財務3表一体理解法 発展編』　目次

チャート作成　谷口 正孝
フロッグキングスタジオ
（第2章のドリル部分）

第1章　財務3表の基礎知識

（1）なぜ会計が簡単に理解できるのか

①財務諸表が作られていく手順

早速会計の勉強を始めていきましょう。本書の目的は、会計の全体像と基本的な仕組みを理解していただくことです。会計の全体像と基本的な仕組みが理解できれば、会計に対するアレルギーがなくなるだけでなく、財務分析を行うための基礎が作られます。

本書をお読みのみなさんの中には、これまで何度か会計の勉強にトライして挫折した方がおられると思います。なぜ、私の会計勉強法を使うと会計が簡単に理解できるのでしょうか。その理由をまず説明しておきます。

私の会計勉強法にはいくつかの特徴があります。その特徴のひとつを、図表1－1を使って説明します。

どんな会社でも事業活動を行うと伝票があがってきます。売上の伝票とか仕入の伝票

図表 1-1　**なぜ会計が簡単に理解できるのか**

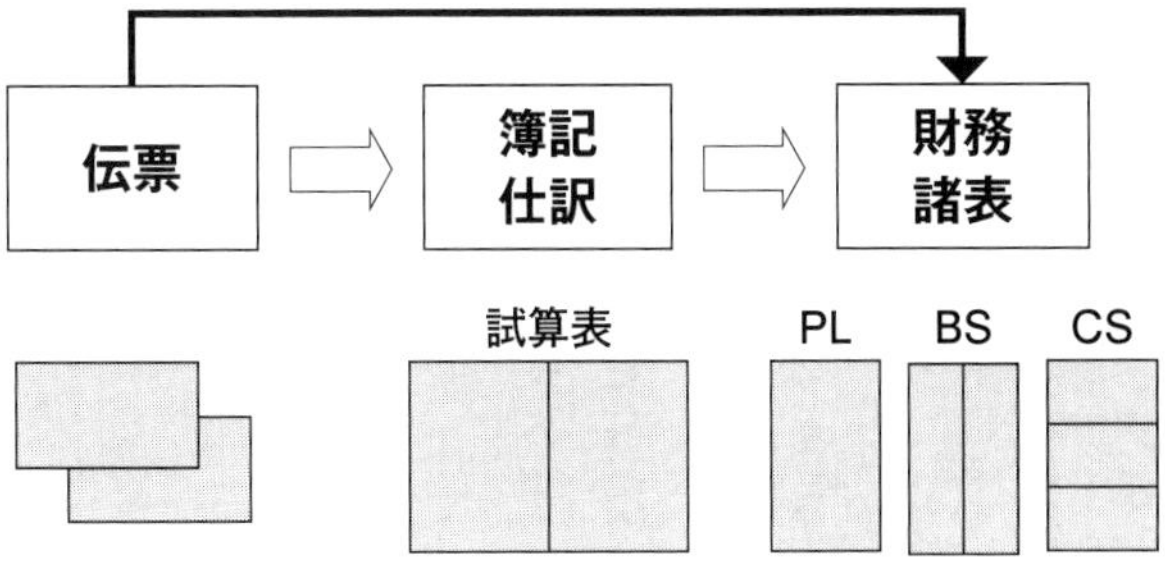

です。これらの伝票は、みなさんの会社の経理部門の方が帳簿に記帳してくださっています。

簿記という言葉がありますが、これは帳簿に記帳するという意味です。ただ、一般的に簿記という言葉を使うときは、「複式簿記」という特殊な簿記のことを言います（複式簿記の意味については後ほど詳しく説明します）。この複式簿記という簿記の方法で、伝票を帳簿に記帳していくルールを仕訳《しわけ》と言います。

つまり、みなさんの会社の経理部門の方は、仕訳のルールにしたがって、すべての伝票を帳簿に記帳してくださっているわけです。すべての伝票を帳簿に記帳したものを試算表と言います。この試算表が1事業年度に一度、一般的には1年に一度、財務諸表に集大成されていくわけです（もちろん、四半期決算の会社では四半期に一度、財務諸表が作られます）。

②財務3表を一体にして「つながり」を理解する

財務諸表には「基本財務3表」と言われる、損益計算書（PL）、貸借対照表（BS）、キャッシュフロー計算書（CS）という3つの表があります（これらの表の構造についても後ほど詳しく説明します）。一般的な会計入門書や会計セミナーでは、まずはこの3つの表の構造が説明されます。そして、これらの表の構造の説明が終わったら、そのまま「流動比率はどうか」「自己資本比率はどうか」といった財務分析の話に移っていきます。しかし、表の構造を勉強したからといって、会計の仕組みがわかるわけではありません。

「会計の仕組みが腹の底からわかるようになるにはどうしたらよいか」と会計の専門家に聞けば、「一から簿記の勉強をしてください。仕訳のルールを全部覚えてください」と言われるでしょう。それはそれで一理あることなのですが、会計の専門家になるつもりのない、営業や技術の人たちにとっては、簿記や仕訳の勉強は興味がわくものではありません。

私の会計勉強法は、この簿記・仕訳をすっ飛ばして、[*1]日々の伝票がPL・BS・CSのどこに記入されているかを追いかけていきます。例えば、資本金1千万円という取引は、PL・BS・CSのどこに1千万円という数字が記入されるのか、現金売上の500万円はPL・BS・CSのどこに500万円という数字が記入されるのか、といった具合です。

このPL・BS・CSの3つの表を一体にして勉強していくことが、私の会計勉強法の最大の特徴です。後ほど詳しく説明しますが、PL・BS・CSの3つの表はつながっています。この3表のつながりを意識しながら、それぞれの取引が3つの表の中でどのように動いていくかがわかれば、「目から鱗が落ちるように」会計の全体像と基本的

＊1　「簿記・仕訳をすっ飛ばして」という言い方をしましたが、正しく言えば簿記・仕訳をすっ飛ばすわけではありません。私の勉強法は、仕訳帳を使って伝票の仕訳作業をするのではなく、PLとBSの中で直接仕訳を行い、それに現金の動きを表すCSをセットで勉強するというものなのです。このことについても、本書を読み終えるころにはその意味を理解していただけると思います。

な仕組みが理解できるようになります。

　逆に言えば、財務3表のつながりを理解せずに、表の構造や仕訳の勉強ばかりしても、会計が腹の底からわかったという感じにはなかなかなれないと思います。今までの勉強法は、会計の森の一本一本の木の勉強ばかりをするものでしたが、本書で紹介する勉強法は、会計の森全体を木と木のつながりを明らかにしながら理解していくというものです。

（2）会計の全体像

①会計をシンプルに勉強していく

実は、私は会計の専門家ではありません。私はもともと機械エンジニアであり、私も読者のみなさんと同じように会計の勉強には大変苦労してきました。戦略論やマーケティング論や人事組織論などは、勉強すればその内容はなんとなくわかりますが、この会計分野だけは非常にわかりにくい特殊な分野だと思ってきました。

しかし、会計の仕組み自体は、理解してしまえば極めてシンプルだということがわかります。逆に言えば、私は今でも、会計を初めて勉強する人がどこでつまずくかを覚えています。例えば、会計の勉強を始めて、多くの人が最初につまずくのが、「借方《かりかた》」「貸方《かしかた》」といった会計の専門用語です。

本書では、そういった会計の特殊用語をできるだけ使わずに説明していきます。ただ、本書は会計の本ですから、会計の専門用語は山ほど出てきます。読者のみなさんは、これから出てくる会計の専門用語の意味がわからなかったら、そのままほったらかしにしておいてください。単語の意味はインターネットで調べればすぐにわかります。本書を読み進めるにおいては、細かなことはほったらかしにして、会計の全体像と基本的な仕組みを理解することに注力していただきたいと思います。

②すべての会社に共通する3つの活動と財務3表の関係

PLとBSとCSの3つの表の構造を説明する前に、会計の全体像について簡単にお話ししておきたいと思います。

そもそも財務諸表というものは何のために作るのでしょうか。財務諸表を作る目的はいくつもあります。財務諸表は、会社のトップをはじめとする経営陣が、会社の事業実態を数字で把握し、しっかりと経営をしていくための道具として作成されます。また、税金を計算するための元のデータになっているという面もあります。

ただ、財務諸表を作成する一番大きな目的は、会社の外の関係者にその会社の事業実態を正しく説明することにあります。会社の外の関係者とは、出資してくださっている株主や、お金を貸してくださっている債権者と言われる主に金融機関のみなさん、取引先や関係会社、さらにはこれから出資しようとしている投資家のみなさんなど、その会社に関係のある人や興味を持っている人のことです。

では、関係者のみなさんはその会社の何を知りたいと思っているのでしょうか。逆に言えば、会社がどんな情報を開示すれば、関係者は満足してくれるのでしょうか。

経済産業省の調べによれば、日本には約360万社の会社があるそうです。この360万社の会社は、業種が違おうが業態が違おうが、行っていることは基本的にすべて同じです。会社が行っている基本活動は3つしかありません。次のページの図表1－2をご覧ください。すべての会社は、お金を集める→それを何かに投資する→そして利益をあげるという3つの活動を行っています。

ほとんどのビジネスパーソンは、利益をあげるという活動、つまり売上や費用や利益ということに責任を持っていますので、事業全体を意識することはあまりないかもしれません。しかし、会社を興したことがある経営者の方は、この3つの活動のことをだ

図表 1-2　**すべての会社に共通する3つの活動**

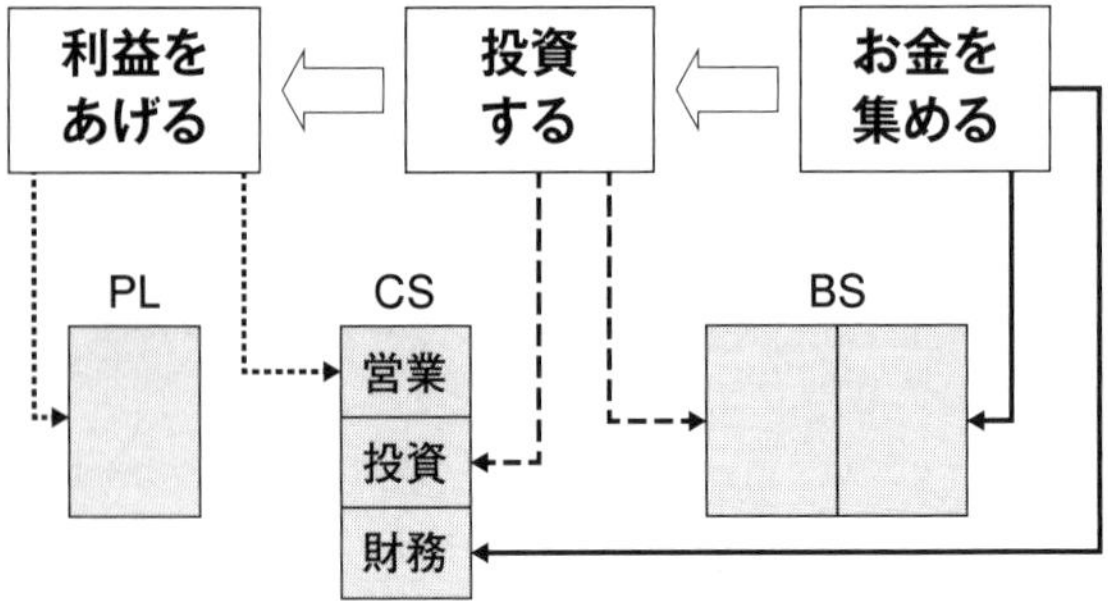

れでも知っています。

事業を始めようとすると最初にお金が必要になります。それを資本金や借入金といった形で集めてきます。なぜお金が要るかといえば、それは投資のためです。製造業なら工場建設、飲食業なら店舗を取得するためにお金が必要になります。そして、その投資した工場や店舗を使って利益をあげるわけです。商社や小売業は集めたお金を商材に投資し、その商材を販売して利益をあげます。私の仕事である研修講師のようなサービス業は最初に多くのお金を必要としません。しかし、サービス業でも事務所は必要ですし、机や本棚も必要です。わずかなお金ではありますが、それをオフィス用品などに投資し、その投資したものを活用して利益をあげているのです。

この お金を集める ↓ 投資する ↓ 利益をあげる という3つの活動は、すべての事業に共通する3つの活動なのです。

実は、この3つの活動をPLとBSとCSという3つの表を使って表しているのです。図表1－2の右下にBSという表があります。BSの表の構造は後ほど詳しく説明しますので、ここでは全体像だけを理解してください。BSという表は、真ん中に線が引いてあり、左右に分かれています。なぜ左右に分かれているかというと、BSの右側にその会社が「これまでにどうやってお金を集めてきたか」ということが表されていて、BSの左側にその「集めてきたお金を何に投資したか」が表されています。そして、図表1－2の左下にあるPLで、1事業年度にどうやって利益をあげたかが表されているのです。

③PLとBSの数字は必ずしも現金の動きを表すものではない

このPLとBSという2つの表の中には、円単位の数字が記載されています。私たちは子供のころから、円単位の数字が入った表は収支計算書しか見たことがありません。

お小遣い帳も家計簿も収支計算書です（図表１－３）。収支計算書の中の数字は、すべて現金の動きを表しています。現金が入ってくる「収入」と、出ていく「支出」です。しかし、ＰＬとＢＳの中の数字は必ずしも現金の動きを表すものではないのです（なぜ、必ずしも現金の動きを表すものではないのかということも後ほど説明します）。

図表 1-3
収支計算書

収入
支出
残高

やはり会社も、1事業年度の現金の動きが簡単にわかる表を作っておいたほうがよいということになり、日本では２０００年3月期決算から、上場会社等の有価証券報告書を提出する必要のある会社に対して、キャッシュフロー計算書（ＣＳ）の作成が義務付けられました。

英語で言えば Cash Flow Statement です。これを直訳すれば、「現金・流れ・計算書」ということになりますが、私たちが昔から使っている言葉で言えば、ＣＳは「収支計算書」です。収支計算書には現金の出入りが表されています。お小遣い帳も家計簿も、現金の出入りを表す収支計算書です。収支計算書は、一般的には図表１－３のように

「収入」「支出」「残高」の3つの欄に分かれています。

ところが、会社が作る収支計算書であるCSは、「収入」「支出」「残高」の3つの欄には分かれていません。CSは「営業活動によるキャッシュフロー」「投資活動によるキャッシュフロー」「財務活動によるキャッシュフロー」という3つの欄に分かれています。

どうしてこのような欄に分かれているのでしょうか。もうおわかりですね。30ページの図表1-2のように、会社の お金を集める 活動が「財務活動によるキャッシュフロー」に、投資する 活動が「投資活動によるキャッシュフロー」に、そして 利益をあげる 活動が「営業活動によるキャッシュフロー」に表されているのです。つまり、お金を集める→投資する→利益をあげる という3つの活動を、現金の動きという観点から整理したのがCSなのです。

今ここに、年間10億円の利益をあげている会社があるとします。この会社はスゴイ会社でしょうか、スゴクない会社でしょうか。年間10億円の利益だと言われても、何とも言えませんよね。もし、ひとりで事業をやっているような超零細企業が、年間10億円の当期純利益をあげていたとすれば、これはスゴイ会社と言っていいでしょう。世界中を探しても、ひとりで年間10億円の利益をあげられる人はそういないでしょう。しかし、例えばトヨタ自動車が年間10億円の当期純利益では、関係者はだれも満足しないでしょう。

会社を評価しようとするとき、利益が多いか少ないかだけでは評価できないのです。その利益をあげるのに、どれだけの投資をしているのか、その投資をするためのお金をどうやって集めてきたのか、といった事業全体が理解できないと会社の評価はできないのです。この事業全体の活動である［お金を集める］→［投資する］→［利益をあげる］という3つの活動が、PLとBSとCSで表されているのです。

財務3表にはいろんな数字が記載されています。しかし、誤解を恐れずに言えば、財務3表に書かれているのは、会社の［お金を集める］→［投資する］→［利益をあげる］という3つの活動だけなのです。私はこれが、会計のひとつの全体像だと思っています。30ページの図表1－2が頭に入るだけで、会計に対するアレルギーはかなり軽減されると思います。

（3）損益計算書（PL）で5つの正しい利益を計算する

①PLの構造

本書の「肝」である第2章の「財務3表一体理解法～基礎編」に入る前に、財務3表の表の構造を説明しておきましょう。第2章では、みなさんに漆器販売会社の社長になっていただき、日々の取引に関する数字の動きを、財務3表を一体にして勉強していきますが、読者のみなさんは、この第1章の段階から漆器販売会社の社長になった気持ちで勉強していってください。なぜ、そんなことを申し上げるかと言えば、前述したように財務会計は会社の状況を外部の人に知らせるための会計です。ですから、社長の立場で勉強するのが一番フィット感があるのです。

まずは損益計算書（ＰＬ）から始めましょう。ＰＬは英語で Profit and Loss Statement と言います。これを日本語に訳したのが損益計算書です。損益計算書とい

図表1-4 損益計算書(PL)

損益計算書(PL)	説明
売上高	
売上原価	
①売上総利益	売上高から売上原価を引いた利益。粗利(あらり)とも言う。
販売費及び一般管理費	
②営業利益	売上総利益から販売費及び一般管理費を差し引いた利益。本業からの儲け。
営業外収益	
営業外費用	
③経常利益	営業利益から営業外の収益や費用を足し引きした利益。経常的な事業活動による儲け。
特別利益	
特別損失	
④税引前当期純利益	経常利益からその年度だけに特別に発生した利益や損失を足し引きした利益。
法人税等	
⑤当期純利益	税引前当期純利益から税金を支払った後の利益。「当期利益」「純利益」「最終利益」などとも言われる。

うと、何か難しそうに感じるかもしれませんが、要は会社の損失と利益を計算している表なのです。

会計を初めて勉強する人は、ＰＬには「５つの種類の利益がある」ということだけわかっていればよいと思います。図表１－４を使いながら、ＰＬの構造を上から順に説明していきましょう。

ＰＬの一番上は「売上高」です。これは、みなさんの漆器販売会社のその期の売上高です。売上高の下には「売上原価」がきます。これは、その期の売上をあげるために仕入れた商品の原価です。

売上原価の下にあるのが、５つの種類

の利益の一番目の利益である「売上総利益」です。売上高から売上原価を引いたものです。現場では、この売上総利益のことを「粗利《あらり》」と呼んでいると思います。

売上総利益の下には「販売費及び一般管理費」がきます。現場では「販管費」と縮めて呼んでいる場合が多いと思います。漆器販売という本業の営業活動に係るすべての費用がここに入ります。営業マンの人件費、通信費、交通費、また会社が大きくなって、総務や経理という本社部門ができれば、そこで働く人の人件費などもすべてこの販売費及び一般管理費に入ります。[*2]

販売費及び一般管理費の下にくるのが、2番目の利益である「営業利益」です。これ

＊2　ただ、製造業などの会計では、工場で働く工員さんの人件費などは売上原価に入れるというのが会計の決まりになっています。このような話になっていくと、原価計算という難しい分野に入っていかなければなりません。本書の目的は、会計の全体像と基本的な仕組みを理解することですので、本書では会計の仕組みとしては比較的シンプルな、漆器販売という商品を仕入れて販売する小売業を例にとって説明していきます。小売業においては、本業の営業活動に必要なすべての費用は販売費及び一般管理費に入ります。

は売上総利益から販売費及び一般管理費を差し引いて計算します。

日頃からPLを頻繁に見ていない人がわからなくなるのは、この営業利益より下のところです。どこに何が書かれているのかすぐにわからなくなります。私も昔はそうでした。ただ、会計はロジックが一貫していますので、上から下へと順番に論理的に考えていけば頭がスッキリと整理できます。

営業利益とは、読んで字のごとく、本業の営業活動によってもたらされる利益のことです。では、営業利益の下には何がくるでしょうか。上から下への順番は論理的です。営業利益の下には「営業外収益」「営業外費用」がきます。この営業外とは何のことでしょう。営業外とは本業の営業活動の外ということです。

例えば、みなさんの漆器販売会社が好調で、どんどん売上があがり、たくさんのお金が会社に入ってきたとします。その現金はずっと会社の中に置いておくわけではありませんね。一般的には金融機関に預貯金します。そうするとみなさんの会社には金融機関から「受取利息」が入ってきます。この受取利息は、預貯金という本業の営業活動ではない活動による収益ですから、営業外収益に入れられるのです。逆に借金をしていれば、みなさんの会社は借金の利息を金融機関に支払う必要があります。これが「支払利息」であり、会計的には営業外費用に入れられます。

営業利益に営業外収益と営業外費用を足し引きしたものが、3番目の利益である「経常利益」です。これも読んで字のごとく、本業及び本業以外のすべての事業活動によって常日頃、経常的にあがってくる利益が経常利益です。日本では「ケイツネ」などと呼ばれ、事業活動全体による利益として特に重視されるものです。

では、経常利益の下には何がくるでしょうか。常日頃、経常ではない「特別利益」「特別損失」です。「特別」とは、その事業年度だけに特別に出てくるという意味です。例えば、みなさんの会社が土地を持っており、それを売却して利益が出たとすれば、それが特別利益になります。また、リストラ費用として割増退職金が計上されれば特別損失になります。

経常利益にこの特別利益と特別損失を足し引きすると、4番目の利益である「税引前当期純利益」になります。読んで字のごとく、税金を計上する前の当期の利益です。

この税引前当期純利益から法人税などの税金を差し引いたものが、最後の5番目の利益である「当期純利益」です。決算ニュースなどで、「当期利益」「純利益」「最終利益」などと呼ばれているのがこの当期純利益です。

②ＰＬの目的

これでＰＬの表の構造の説明は終わりです。どうでしょう、難しい構造ではありませんよね。次の説明に移る前に、ＰＬを作る目的について説明しておきましょう。ＰＬの目的は「その期の正しい利益を計算する」ことです。読者のみなさんは、計算間違えさえしなければ正しい利益は計算できるとお思いかもしれませんが、ここで言う「正しい」とは、「計算違いのない」という意味だけではありません。それがどういう意味なのかは第2章で詳しく説明します。

その正しい利益をどうやって計算するかと言えば、図表１－５のような一本の式で計算します。この式の中の「収益」というのは何のことなのでしょうか。売上高のことでしょうか。ではなぜ売上高と書かないのでしょうか。「そもそも収益とは何か」と聞くと、会計のことがよくわかっている人でもすぐに答えられない人がたくさんいます。会計では、日常会話ではあまり使わない単語が出てくるので難しさを感じるのかもしれません。

日本の会計基準では3つの種類の収益があります。36ページの図表1－4で説明しましょう。一番上の売上高は収益です。真ん中あたりにある営業外収益も収益です。やや下の方にある特別利益は、利益と書いてありますが会計的には収益に分類されるものです。

図表1-5　利益の計算式

利益	＝	収益	－	費用
⑤		③		⑤

ついでに費用についても説明しておきましょう。費用は5つの種類があります。図表1－4を見ながら読み進めてください。上から順に言いますと、売上原価・販売費及び一般管理費・営業外費用・特別損失・法人税等の5つが費用です。

ちなみに、国際会計基準や米国会計基準では経常利益という概念がありません。国によって会計の表の構造は微妙に違うのですが、日本の会計基準では図表1－5のように、⑤つ・③つ・⑤つに分類して、正しい利益を計算しているのです。

1

経営感覚を高めるＰＬの見方

経営感覚を高めるＰＬの見方をひとつお教えしましょう。例えば、あなたが１日３万円の受講料の研修を受けたとします。あなたは会社のお金を３万円使っただけと思うかもしれませんが、この３万円の受講料をまかなうために、あなたの会社はいくらの売上高をあげなければならないでしょうか。もちろん、それは会社の収益構造によって違いますが、仮にあなたの会社の粗利率（＝粗利÷売上高×１００）が10％のビジネスを行っているとしたら、３万円の受講料をまかなうためには30万円の売上高を稼ぎ出さなければなりません。つまり、あなたの３万円の研修費用は、実は30万円の売上高に匹敵するのです。社長はそのようにビジネスを見ているはずです。このように、ＰＬの構造がわかっていれば、コスト感覚・経営感覚が磨かれます。

(4) 貸借対照表(BS)は財産残高一覧表

①BSの構造

次は貸借対照表(BS)の説明です。BSは英語でBalance Sheetです。BSのことを日本語では貸借対照表と言うのだということは覚えておく必要があります。ただ、私は、この貸借対照表という言葉でBSという表を理解しようとしない方がよいと思っています。その理由は後ほど59ページからの「Coffee Break 2」の中で説明します。

次のページの図表1-6をご覧ください。前述したように、BSは真ん中に線が入っていて左右に分かれています。BSの右側には、その会社が「これまでにどうやってお金を集めてきたか」ということが表されていて、BSの左側にはその「集めてきたお金が何に投資されているか」ということが表されています。

もっと簡単に言えば、BSの右側の「集めてきたお金」が、「今どういう形に変わっ

図表 1-6　**貸借対照表(BS)**

資産の部	負債の部
流動資産	**流動負債**
現金	短期借入金
商品	**固定負債**
	長期借入金
固定資産	
有形固定資産	**純資産の部**
無形固定資産	資本金
投資その他の資産	利益剰余金

集めてきたお金が何に投資されているか

これまでにどうやってお金を集めてきたか

て会社の中に存在しているか」ということがBSの左側に表されているのです。BSの左側を見てください。集めてきたお金は「現金」のままじっと持っているものもあるでしょう。漆器を仕入れて、在庫という商品に変わっているお金もあるでしょう。「有形固定資産」というのは、形の有る資産ですから、建物や機械装置に変わっているお金もあるということです。「無形固定資産」とは、形のない資産ですから、ソフトウェアとか特許権といったものです。そういうものに変わっているお金もあるでしょう。

「投資その他の資産」とは株式などです。あなたの会社がどこかの会社に投資し、その会社の株式を保有しているような場合です。つまり、株式に変わっているお金もあるというわけです。

左右共に基本的には上から下に流動化しやすい、つまり現金化しやすい順に並んでいます。BSの左側全体を「資産の部」と言います。そして、大きく「流動資産」と「固定資産」という2つの枠に分かれています。流動資産は1年以内に現金化する予定の資産で、固定資産は1年以内に現金化する予定のない資産のことです。流動と固定は1年基準で分かれているわけです。これをワン・イヤー・ルール（One Year Rule）と言います。[*3]

次はBSの右側です。BSの右側は「これまでにどうやってお金を集めてきたか」が

＊3　正しく言えばワン・イヤー・ルールの前に「営業循環基準」というルールがあります。これは1年以内に現金化する予定のない資産であっても、営業活動でグルグル回っているようなものは、流動資産に入れるという決まりです。例えば、在庫商品の中にはどう考えても1年以内に現金化する予定のないものもあるかもしれません。しかし、在庫商品のように営業活動でグルグル回っているものはすべて流動資産に入れるという決まりがあって、そのうえでワン・イヤー・ルールが適用されるのです。ただ、会計の専門家ではない人はワン・イヤー・ルールだけ覚えておけば大きな問題はないでしょう。

表されていると言いました。会社がお金を集めてくる方法のひとつは「他人から借りる」というものです。これが「負債の部」に入ります。ここも「流動負債」と「固定負債」の2つに分かれます。これはBSの左側の分け方と同じで、1年以内に返済しなければならない借金が流動負債で、1年を超えて返済すればよい借金が固定負債です。これら他人から借りた借金は必ず返さなければならないものです。

②資本金は返さなくてもよいお金

負債の部の下に「純資産の部」というところがあります。純資産の部の中に「資本金」というものがありますが、これは株主から資本金として会社に注入してもらったお金です。

ただ、この資本金のことを勘違いしている人がたくさんいます。例えば、みなさんの漆器販売会社に株主のAさんが1千万円の資本金を入れてくれていたとします。このAさんがたまたま急に現金が必要になった場合、みなさんの会社にノコノコやって来て「資本金1千万円を返してください」と言うわけではありません。

図表1-7　**貸借対照表（BS）**

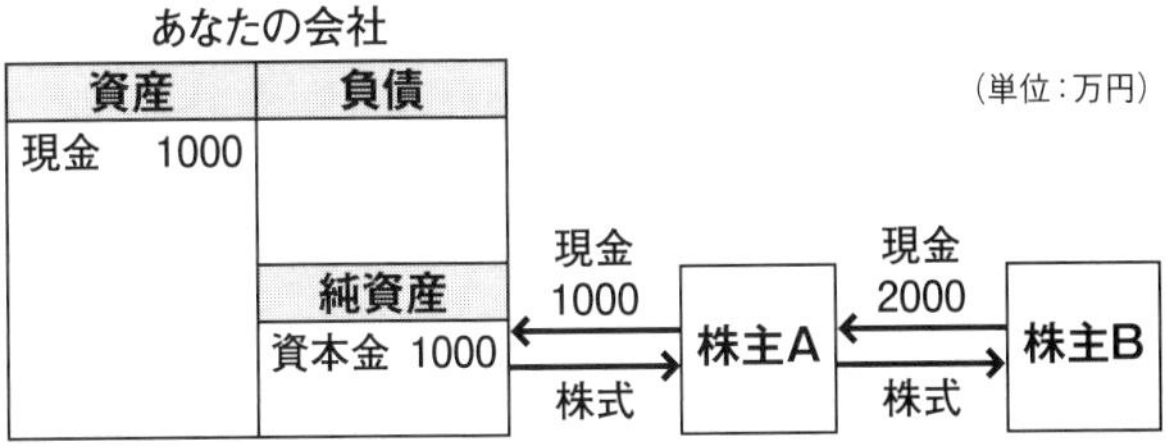

資本金というものは会社が株式を発行して、株主に資本金として注入してもらったものです。つまり、株主は株式を持っているわけです。もし、みなさんの会社が上場している会社であったなら、株主Aさんは自分の持っている株式を株式市場で売却して、その売却時点の株価にあった現金を受け取るということが起こるだけなのです。このとき会社の中では何も起こっていません。会社の外で、株式の売買によってみなさんの会社の株主が、AさんからBさんに代わったということが起こるだけなのです。

これを図にしたのが図表1－7です。この場合は、たまたま株式の売却時点であなたの会社の株価が2倍になり、株主Aさんが持っていた元々1千万円の価値の株式が、この時点で株主Bさんに2千万円で売却された例になっています。この株式の売買によって、株主Aさんは1千万円得をしたということになりますね。

会計研修を行っていると、受講生から「会社の株価が2倍になったら、BSの資本金も2倍になるのですか」という質問を受けたりします。読者のみなさんはもうおわかりですね。会社の株価が2倍になったからといって資本金は何ら変化しません。[*4] 株価が2倍になっているというのは、会社の外の株式市場で株式の価値が2倍になっているということに過ぎないのです。

資本金は基本的に返す必要のないお金ですし、株式市場で株価が上がろうが下がろうがBSの資本金の額は一切変わらないのです。

③会社がお金を集めてくる方法は3つある

資本金の内容の勘違いに加えて、BSに関して多くの人が勘違いしている点がもうひとつあります。多くの会計の入門書には「会社がお金を集めてくる方法は、他人から借りる方法と、資本家から資本金として入れてもらう方法の2つがある」と書いてあります。ただ、それをそのまま鵜呑みにすると会計はどこまでいってもわかりません。

会社がお金を集めてくる方法は、実は3つあります。それは、他人から借りるという方法、資本家から資本金として入れてもらうという方法、この2つの方法に加えて「自分の会社が稼ぎ出す」という3つ目の方法があるのです。つまり、自分の会社が稼ぎ出した「当期純利益」が、44ページの図表1-6のBSの右下に表されている「利益剰余金」に積み上がっていくのです。

もう一度BSをまとめて説明しておきましょう。3つの方法、つまり他人から借りる、資本家から資本金として入れてもらう、そして自分の会社が稼ぎ出すという3つの方法で集めてきたお金が、今現在どういう形に変わって会社の中に存在しているのかということを表しているのがBSなのです。

＊4　ただ、みなさんの会社がどこかの会社の株式を保有している場合に、その会社の株価が2倍になれば、期末に評価替えを行います。その際にBSの数字がどのように変化するかについては、『新版 財務3表一体理解法 発展編』の金融商品の時価会計のところで詳しく説明しています。

④BSの目的

次に移る前に、PLの目的がその期の正しい利益を計算することであったように、BSの目的についても説明しておきましょう。BSを作る目的はいくつもありますが、BSの重要な目的のひとつは、会社の正味財産を計算することです。

BSの目的を説明するために、まずは個人の正味財産を計算する方法について考えてみましょう。図表1－8の一番上の図をご覧ください。個人の正味財産を計算しようと思えば、まずあなたが持っている資産を現在価値、つまり現時点の価値で積み上げていきます。現金は今いくら持っているか、預貯金はいくらあるか、家や自動車の現在の価値はいくらかといった具合です。

これらの資産をあなたが元々持っていた現金ですべて購入していたのであれば、これらの資産はすべてあなたの財産と言えます。しかし、例えば家とか自動車をローンを組んで、つまり借金をして買っていて、その借金をまだ全く返済していないとすると、あなたの資産がすべて自分の財産とは言いにくいですよね。

あなたの現在の正味財産を計算しようと思えば、図表1－8の真ん中の図にあるように、あなたが現在持っている資産の現在価値から、あなたが現在抱えている借金の残高を差し引かなければなりません。この資産から借金を差し引いたところがあなたの正味財産というわけです。

この図表1－8の真ん中の図の構造こそがBSなのです。図表1－8の一番下がBSです。BSの純資産の部は会社の正味財産を表しています。ですから、純資産の部は帳簿上の会社の価値を表していると言えます。もっと言えば、帳簿上の会社の値段を表しているのです。

BSの右下の「純資産

図表 1-8
個人の正味財産の計算方法

資産	
現金 預貯金 株式 家 自動車 …	

▼

資産	借金
現金 預貯金 株式 家 自動車 …	住宅ローン 自動車ローン … 正味財産

▼

資産の部	負債の部
現金 商品 有形固定資産 無形固定資産 投資その他の資産	短期借入金 長期借入金 **純資産の部** 資本金 利益剰余金

図表1-9
自己資本・他人資本・総資本・総資産

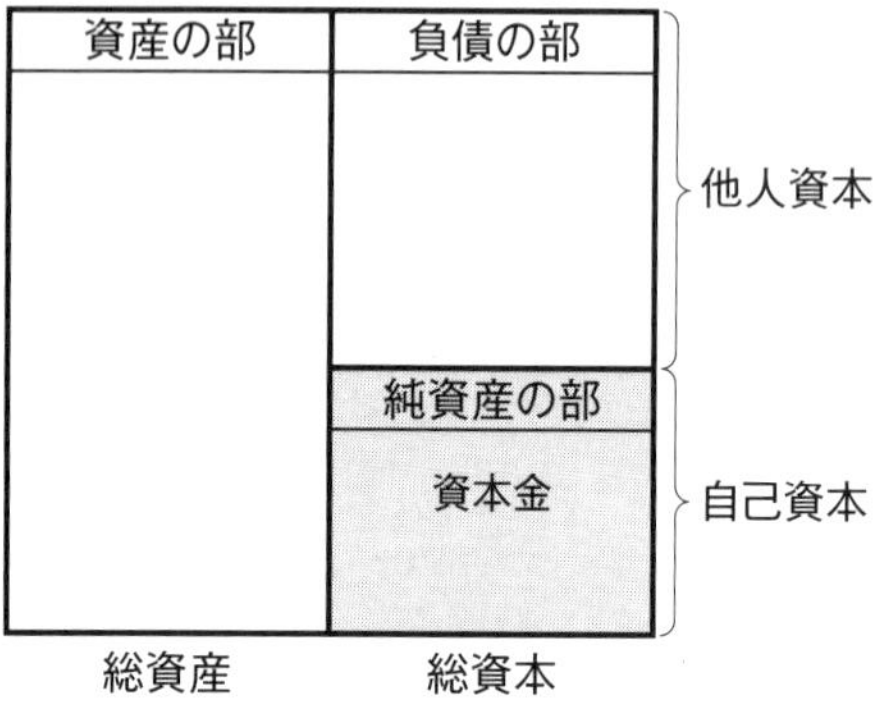

の部」は、以前「資本の部」と呼ばれていました。昔会計を勉強した人は「負債と資本を足すと資産になる」と勉強しました。これはこれで間違いないのですが、２００６年５月に会社法が施行されたのを機に、そもそものBSの考え方に基づき、資産から負債を引くと、会社の正味財産である純資産と呼ばれるようになったのです。

　BSの「純資産の部」のところをざっくり「自己資本」と呼ぶことがあります。[*5] 図表１－９をご覧ください。資本主義社会の事業は株主の「資本金」、つまり「自己資本」からスタートします。資本金だけで事業を行おうとすれば、資本金の額と同じだけの資産しか調達できません。

　この会社の経営者が金融機関に事業の説明をし、金融機関が「お金を貸してあげてもいいよ」ということになれば、金融機関からの「借入金」、つまり「他人資本」が入ってきます。この他人資本と自己資本を足したものが、BSの右側の合計で「総資本」と呼ばれます。そして、BSの左側の合計を「総資産」と呼ぶことがあります。これは資産の合計ですからわかりやすいですね。

これら「自己資本」「他人資本」「総資本」「総資産」という言葉は覚えておいてください。ちなみに、BSの左右のそれぞれの合計である「総資本」の額と「総資産」の額は常に一致します。

⑤BSを図にしてみる

もう少しBSの説明にお付き合いください。私は中小企業のコンサルタントのような

＊5　厳密に言えば「純資産の部」の合計と「自己資本」は微妙に異なります。厳密に言えば、「純資産の部」の合計から新株予約権と被支配株主持分を差し引いたものが自己資本なのですが、詳細については『新版 財務3表図解分析法』の附章で説明しています。

仕事をしてきましたが、顧問先の社長さんと会計の話をするときは、できるだけBSを図にしてお話をしてきました。

図表1－10は、A社・B社と書いてありますが、実は私が会計の研修を始めた今から約15年前の、当時のイトーヨーカ堂の2期分とダイエーの1期分のBSを図にしたものです。

会社の金払いが良さそうかどうかを見るときに、流動比率をチェックすることがあり

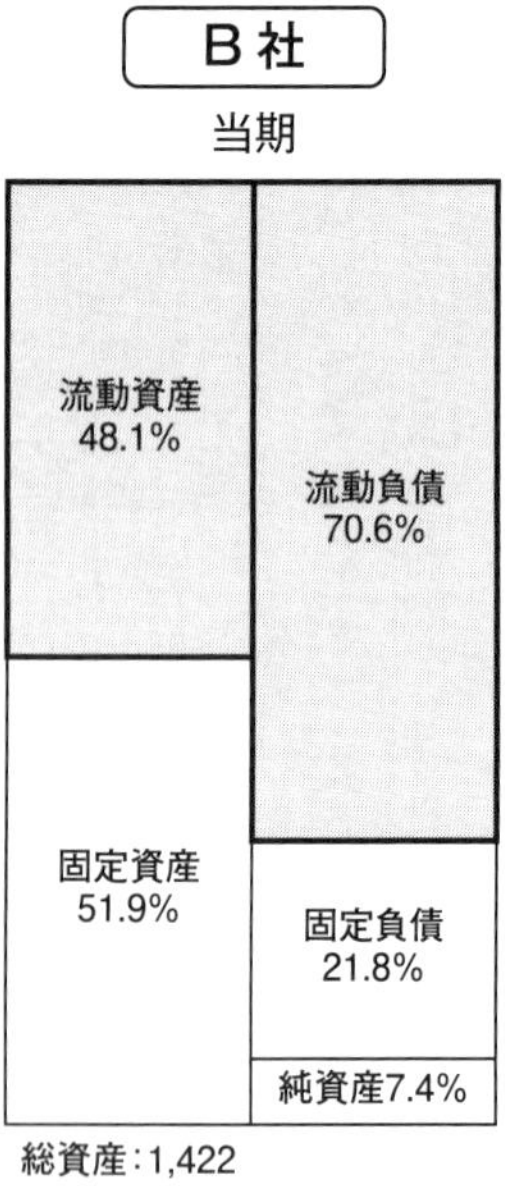

図表 1-10　ＢＳを図にする

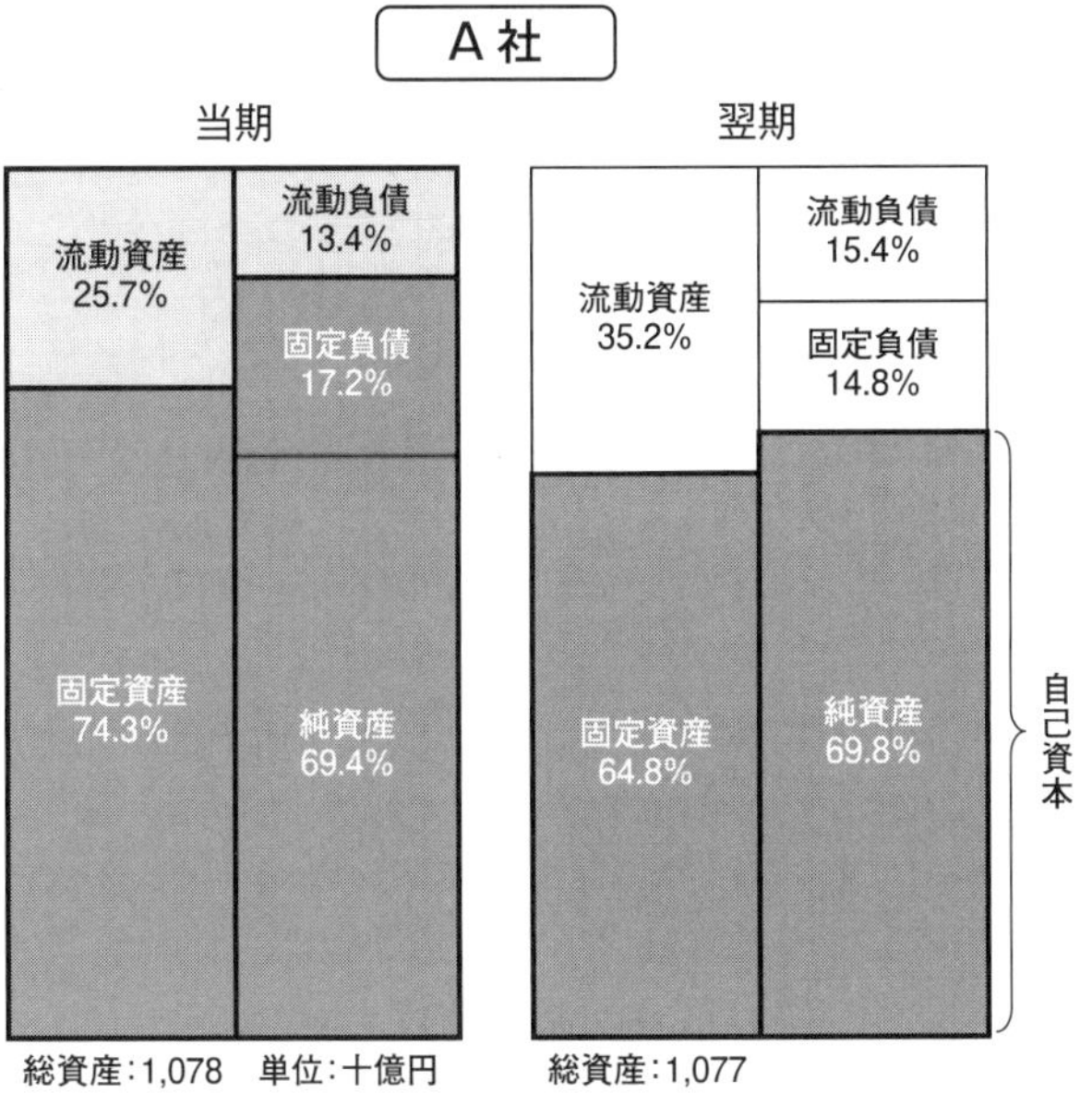

流動比率：	流動資産 ÷ 流動負債
固定比率：	固定資産 ÷ 自己資本
固定長期適合率：	固定資産 ÷(自己資本＋固定負債)

ます。計算式は、流動資産÷流動負債です。このように財務分析指標の計算式を文字式で書かれると、それが意味していることがすぐにはわかりません。ただ、図で見るとその意味が瞬時に理解できます。

図表1－10の左端の、A社の当期の図を見てください。流動比率とは図の上側の薄い網掛けになっている流動資産と流動負債を比較しているのです。流動資産とは1年以内に現金化する予定の資産です。流動負債は1年以内に返済しなければならない負債です。1年以内に返済しなければならないものより、1年以内に現金化するものの方が多ければ、なんとなく金払いは良さそうですね。

次は、B社の当期で、同じ流動比率を見てください。1年以内に返済しなければならない流動負債より、1年以内に現金化する流動資産の方がかなり小さいですね。今から約15年前のダイエーが厳しい経営状態だったことを覚えておられる方もいらっしゃると思います。当時のダイエーは、銀行の支援がないとキャッシュが回っていなかったことが、私たち会計の専門家ではない人間でも瞬時にわかるのです。

経営の安全性を見るときに、固定比率をチェックすることがあります。計算式は、固定資産÷自己資本です。自己資本とは純資産の合計、つまり資本金と利益剰余金からなる、返済する必要のないお金です。

固定比率は何を見ているのでしょうか。図表1－10のA社の翌期（右側）の図の濃い網掛けのところを見てください。固定比率は、固定資産を自己資本（純資産合計）で割ったものです。前述したように、自己資本とは主に資本金と利益剰余金からなる、返さなくてもよいお金です。固定比率の意味するところは、何かに固定化されてすぐに現金に戻らない固定資産は、返さなくてもよい自己資本の範囲の中でそれを調達していたのであれば、経営は安全だと言えるということです。

ただ、このような良好な状態になっている会社はそう多くありません。もうひとつだけ、同じ経営の安全性を見る指標である固定長期適合率を説明しておきましょう。計算式は、固定資産÷（自己資本＋固定負債）です。

図表1－10の左端の、A社の当期の下側の濃い網掛けのところを見てください。固定長期適合率とは、固定資産を自己資本と固定負債の足したもので割ったものです。この意味するところは、何かに固定化されてすぐに現金に戻らない固定資産は、返さなくて

もよい自己資本と長期にわたって返済すればよい固定負債の範囲の中でそれを調達していたのであれば、まずは経営的に安全と言えるでしょうということです。

このように、デジタルデータをアナログ化して図にすると、多くの情報を直感的に把握できるようになります。私たち会計の専門家ではない人間が財務分析をする場合、この図解分析の手法を活用することが極めて効果的です。

2 左右がバランスするからバランスシートというのではない

会計の勉強をしたことがある人は、バランスシートは「BSの右側の合計と左側の合計が一致する、つまりBalanceするからBalance Sheetと言う」と理解していると思います。それはそれで間違いでもないのですが、実はBSの左右が一致するからバランスシートというわけでもないのです。

Balanceという単語には「平衡する、均衡する」といった意味がありますす。しかし、Balanceという言葉がお金を取り扱う場面で使われる場合、ほぼ例外なく「残高」という意味で使われます。

みなさん、今度海外に行ったときに宿泊するホテルの明細を見てみてください。一番下にBalanceと書いてあると思います。これは支払残高の意味です。英文の収支計算書をインターネットで調べてみてください。一番下の「残高」のところは「Balance」と書かれています。

ではなぜBalance Sheetと言うのでしょうか。Balance Sheetとは、そもそもは「財産残高一覧表」という意味なのです。44ページの図表1－6のBSを見てください。現金の残高はいくら、固定資産の残高はいくら、借入金の残高はいくら、資本金の残高はいくらというように、会社の財産の残高一覧表だからBalance Sheetなのです。

ですから、Balance Sheetには必ず「20×1年3月末」というような日付がついています。それは当たり前ですね。日付を特定しないと財産の計算などできませんから。貸借対照表はBalance Sheet、「財産残高一覧表」という意味なのです。

本書では「借方・貸方」といった会計の専門用語はできるだけ使わずに説明していきますと言いましたが、少しだけ「借方・貸方」の話をさせていただきます。

会計の勉強を始めて、多くの人が最初につまずくのが「借方・貸方」という言葉です。私もそうでした。会計の先生に「借方・貸方」の意味について何度質問しても、なかなか納得のいく回答はもらえません。先生の方も、「これは意味を考えるものではなく、覚えるものです」と言って、図表1－11のような方法を教えてくれたりします。「借方の『り』は左側に跳ねますね。ですからBSの左側が借方です。貸方の『し』は右側に跳ねますね。ですからBSの右側が貸方です」といった感じです。

覚え方としてはよい方法かもしれませんが、普通の人はここでまた疑問がわいてきます。「そうか、BSの右側が貸方か。でも、BSの右側には借入金が入っているよな。日本語感覚で言えば、借入金はどう考えても借方でしょ。何で、借入金が貸方なんだろう」と。

図表 1-11
「借方・貸方」の覚え方

り	し

会計の専門家の方の中には、「BSは資本を提供している株主や債権者の側から見ているから、借入金が貸方になるんだ」と言われる方がおられますが、「では、どうしてBSの左側は、資本を提供している側から見ると

借方になるんだろう」という、また新たな疑問がわいてきます。

この「借方・貸方」は英語の Debit, Credit の日本語訳なのですが、欧米の会計の専門家ではない人のDebit, Credit に関する混乱ぶりも日本と同じような感じです。私が会計を本格的に勉強したのは、米国に留学したときでした。Accounting という授業で、英語で勉強しました。そのとき、先生に Debit, Credit について質問したら、次のような説明でした。「Mr. Kunisada、右手のことを Right hand と言いますね。左手は Left hand です。なぜ、右手が Right で左手が Left なんでしょうか。右手が Left で左手が Right でもおかしくはありませんよね。Debit, Credit もそういうものなのです」。私の頭の中は「???」という感じでした。

今や借方（Debit）、貸方（Credit）というのはシンボルのようなもので、それ自体には意味がないというのが一般的な認識になってきています。

この「借方・貸方」が「貸借対照表」の「貸借」です。そもそも「借方・貸方」の意味がわからない人にとっては、貸借対照表のイメージが作りにくいのです。

繰り返しになりますが、貸借対照表は Balance Sheet、つまり「財産残高一覧表」という意味です。欧米の会計の専門家も、その意味がよくわかっている人は、Balance Sheet を「財産残高一覧表」のイメージで理解しています。読者のみなさんもそのように理解しておいてください。その方が、BSのイメージがスーッと頭に入ってくると思います。

(5) 複式簿記とは何か

①単式簿記と複式簿記の違い

これでPLとBSの説明が終わりましたから、次はCSの説明なのですが、CSに移る前に会計を初めて勉強している人のために、複式簿記とは何かということについて説明しておきたいと思います。

前述したように、会社のすべての伝票は複式簿記のルールにしたがって帳簿に記帳されています。もし、会社のすべての伝票が、複式簿記ではない、「単式簿記」という簿記のルールにしたがって帳簿に記帳されたら、どんな表ができあがってくるでしょうか。

何を言いたいのかおわかりでしょうか。単式簿記の「単式」というのは「1つ」という意味です。つまり、すべての伝票を現金の出入りという、現金1点で整理していくのが単式簿記です。

私たちは昔から単式簿記という言葉を使ってきませんでしたが、お小遣い帳も家計簿も単式簿記、つまり現金の出入りという、現金1点で整理してきたのです。単式簿記で伝票を整理すればできあがってくるのは収支計算書です。現金が入ってくる「収入」と、現金が出ていく「支出」、そしてその差引の「残高」という3つの欄に分かれます。32ページの図表1－3の通りです。

では、複式簿記とは何でしょうか。複式簿記の複式とは「2つ」という意味です。ひとつの取引を必ず2つの視点から眺めて記帳するという意味での2つです。会社のすべての取引を必ず2つの視点から眺めて、それを資産・負債・純資産・費用・収益の5つに分類して記帳していくのが複式簿記なのです。

次のページの図表1－12と図表1－13を使って、複式簿記と単式簿記の記帳の例を4種類ほど説明しましょう。

資本金500万円を注入してもらった場合が図表1－12の①です。単式簿記では現金の出入りしか見ませんから、資本金が現金で500万円入ってくるとして、収入のところに資本金として500が記入されています。この同じ資本金500万円を複式簿記で

図表1-12　単式簿記（上）と複式簿記（下）の記帳-1

①　（単位：万円）

収入	
資本金	500
支出	

②　（単位：万円）

収入	
借入金	300
支出	

①　（単位：万円）

資産		負債	
現金	500		
		純資産	
		資本金	500
費用		**収益**	

②　（単位：万円）

資産		負債	
現金	300	借入金	300
		純資産	
費用		**収益**	

記帳すると、ひとつの取引を２つの視点から眺めて記帳していきます。まず、純資産のところに資本金として５００を記入し、この資本金５００万円はみなさんの会社に現金で振り込まれますから、資産のところに現金５００が記入されます。

②は３００万円の借金をした場合です。単式簿記では、借入金は現金で３００万円が入ってきますから、収入に借入金として３００が記入されます。複式簿記はひとつの取引を２つの視点から眺めますから、負債に借入金として３００が記入されます。この借入金

図表1-13　単式簿記（上）と複式簿記（下）の記帳 -2

③　（単位：万円）

収入	
売上高	200
支出	

④　（単位：万円）

収入	
支出	
仕入	−100

③　（単位：万円）

資産		負債	
現金	200		
		純資産	
		収益	
費用		売上高	200

④　（単位：万円）

資産		負債	
現金	−100		
		純資産	
		収益	
費用			
仕入高	100		

の300万円はあなたの会社に現金で入ってきますので、資産のところに現金300が記入されます。

図表1－13の③は現金での売上が200万円あがった例です。単式簿記では収入に200が記入されています。複式簿記では収益に売上高として200が記入され、それは現金の形であなたの会社に入ってきますから、資産のところに現金200が記入されています。

最後の④は現金で100万円の仕入を行った場合です。単式簿記では支出のところに「マイナス100」が入っています。一般的な収支計算書では支出も正の数で記入していると思いますが、ここでは現金が出ていったことがよくわかるようにマイナスをつけて記入しています。複式簿記では費用のところに仕入高として100が記入されています。あなたの会社ではこの仕入のために現金が100万円外に出ていきますから、資産のところに現金が出ていったことがわかるように「マイナス100」を記入しています。

②試算表及びPLとBSの関係

すべての伝票を複式簿記で記帳したものを試算表と言います。図表1－14の左側の図です。これまでに説明した4つの例でもわかるように、試算表は必ず右側の合計と左側の合計が一致するように記帳するルールになっているのです。これが複式簿記の仕訳の基本的なルールです。

この試算表はすべての伝票が記帳されているものですから、会社のお金の動きのすべてがわかります。会社がお金を集めてくる方法は3つしかありません。それは他人から借りるもの（負債）、株主から資本金として注入してもらうもの（純資産）、そして自分

図表1-14　**試算表及びPLとBSの関係**

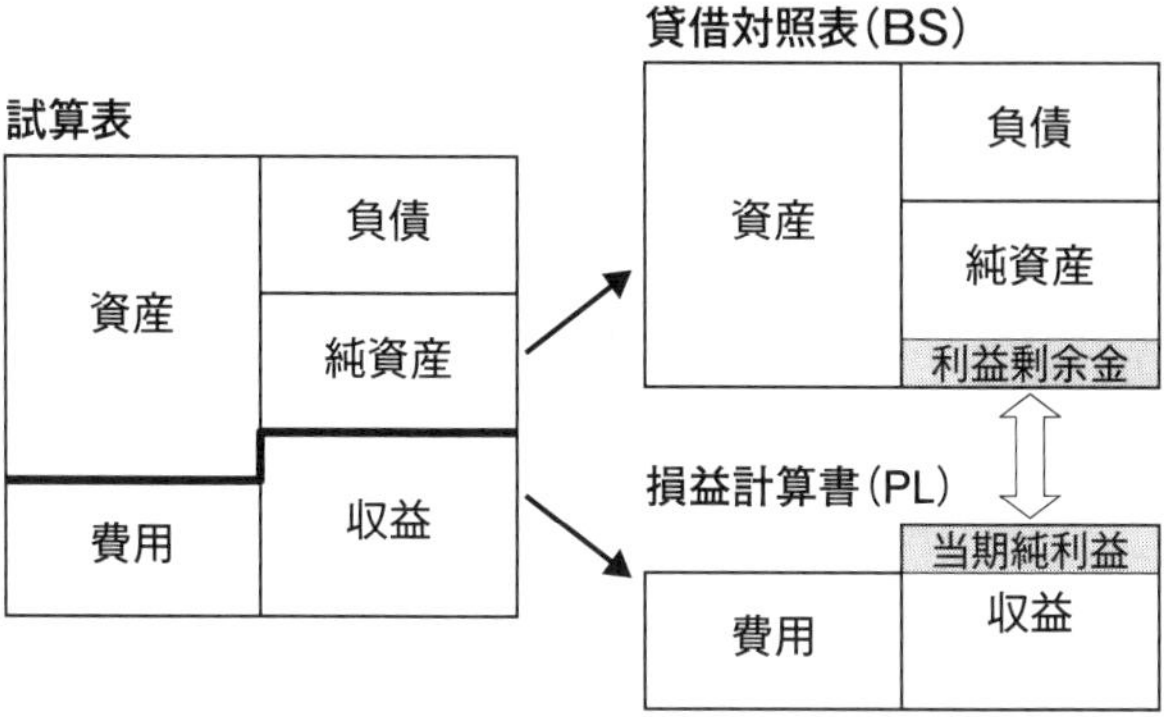

の会社が稼ぎ出すもの（収益）です。これが試算表の右側に表されています。この3つの方法で集めてきたお金が、すでに外部に支払われているもの（費用）と、何らかの形で会社の内部に残っているもの（資産）の2つに分類して表されているのが、試算表の左側なのです。

そして、この試算表を真ん中から上下にパカッと2つに分けると、上が貸借対照表（BS）、下が損益計算書（PL）になるのです。つまり、BSとPLという2つの表を作るために、複式簿記という方法を使って、すべての伝票の仕訳を行い、試算表を作っているのです。

ここで覚えておいていただきたいのは、BSとPLはつながっているということです。図表1−

14の右下にあるＰＬの右側全体が収益です。収益が費用より多ければ、黒字の当期純利益になります。そして、この当期純利益という自分の会社が稼ぎ出したものが、利益剰余金としてＢＳに積み上がっていくのです。

当期純利益と利益剰余金がつながっているのは当たり前ですね。そもそも試算表の重なり部分が、ＰＬに現れるときは当期純利益、ＢＳに現れるときは利益剰余金になるのですから。

③ＢＳとＰＬの時系列的なつながり

このＢＳとＰＬのつながり具合を時系列にして、立体的に表したのが図表１－15です。時間が左から右に流れると見てください。図表１－15は、図表１－14の試算表の上側のＢＳ部分が、各事業年度末の時点で垂直に立ち上がっていて、試算表の下側のＰＬ部分が水平に横たわっていると見てください。

みなさんの会社が事業活動を行うと収益があがっていきます。それは水平に横たわっているＰＬに、時間と共に右方向に積み上がっていくとイメージしてください。同時に、

図表1-15　**BSとPLの時系列的なつながり**

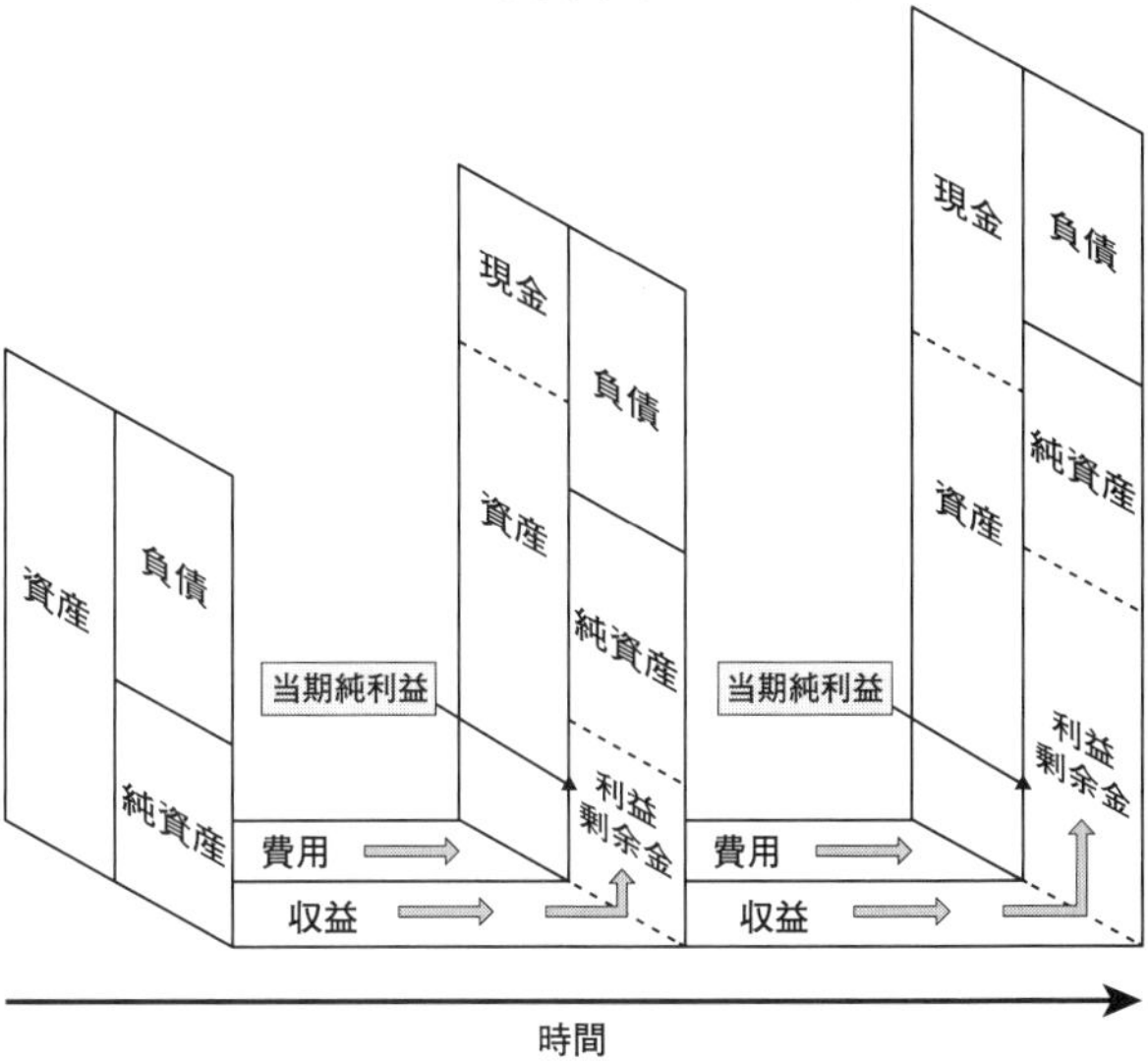

収益があがれば仕入や給料支払いなどの費用が発生します。これも時間と共に右方向に積み上がっていくとイメージしてください。1事業年度が終わり、収益が費用より多ければ、それが当期純利益になります。この当期純利益がBSに表れると利益剰余金になります。

もし、この会社の事業がすべて現金商売で、稼ぎ出した当期純利益を現金のまま会社に残していたとすれば、BSの右側を利益剰余金が押し上げた分だけ、BSの左側では現金が増えるということになるのです。この関係が毎年毎年ずーっと続いていくわけです。

「BSは経営者の成績表」などと言われたりします。そのひとつの理由は、ある1事業年度のBSの利益剰余金のところを見るだけで、その会社が過去に利益をあげ続けてきたのか、それとも赤字を垂れ流してきたのかがおよそわかってしまうことにあるのです。

毎年利益をあげ続けていると利益剰余金がどんどん積み上がって増えていきます。逆に赤字を出し続けると利益剰余金がしだいに少なくなっていくのです。

(6) キャッシュフロー計算書(CS)は会社の家計簿

①CSの構造

財務3表の構造の説明の最後はキャッシュフロー計算書(CS)です。英語ではCash Flow Statement、略してCSです。前述したようにCSは収支計算書、会社の現金の出入りを表したものです。現金の出入りをあらわす表という観点から言えば、本質的には家計簿と同じです。

ただ、家計簿など一般的な収支計算は「収入」「支出」「残高」の3つの欄に分かれていますが、会社が作るCSは、次のページの図表1-16のように「営業活動によるキャッシュフロー」「投資活動によるキャッシュフロー」「財務活動によるキャッシュフロー」という3つの欄に分かれています。CSの内部にはたくさんの項目が記載されていますが、現時点ではそれらを理解する必要はありません。第2章で一つひとつ詳しく説

営業活動によるキャッシュフロー:
商品やサービスの販売による収入、商品の仕入れや給料の支払いによる支出など、営業活動による現金の流れ。

投資活動によるキャッシュフロー:
工場や設備など固定資産の取得や売却、株式や国債といった有価証券の取得や売却など、投資活動による現金の流れ。

財務活動によるキャッシュフロー:
借入の実行や返済、自社の株式の発行や配当金の支払いなど、財務活動による現金の流れ。

資金繰り表

前月繰越		
経常収支	経常収入	現金売上
		売掛金回収
		手形期日入金
		雑収入
		経常収入合計
	経常支出	現金仕入
		買掛金決済
		手形決済
		給与・賞与等
		経常支出合計
	収支過不足	
設備等収支	収入	設備売却収入
		その他
		合計
	支出	設備購入支出
		その他
		合計
	収支過不足	
財務収支	収入	借入金借入
		手形割引
		合計
	支出	借入金返済
		金利支払
		合計
	収支過不足	
収支過不足合計		
次月繰越		

図表 1-16　**キャッシュフロー計算書（CS）と資金繰り表**

直接法	間接法
営業活動によるキャッシュフロー	**営業活動によるキャッシュフロー**
営業収入（＋）	**税引前当期純利益**
商品の仕入支出（－）	減価償却費（＋）
人件費支出（－）	売上債権の増加（－）
その他の営業支出（－）	棚卸資産の増加（－）
	仕入債務の増加（＋）
	その他負債の増加(＋)
小計	**小計**
利息の受取額（＋）	利息の受取額（＋）
利息の支払額（－）	利息の支払額（－）
法人税等の支払額（－）	法人税等の支払額（－）
営業活動によるCF計	**営業活動によるCF計**
投資活動によるキャッシュフロー	**投資活動によるキャッシュフロー**
有価証券取得（－）	有価証券取得（－）
有価証券売却（＋）	有価証券売却（＋）
固定資産取得（－）	固定資産取得（－）
固定資産売却（＋）	固定資産売却（＋）
投資活動によるCF計	投資活動によるCF計
財務活動によるキャッシュフロー	**財務活動によるキャッシュフロー**
短期借入収入（＋）	短期借入収入（＋）
短期借入返済（－）	短期借入返済（－）
株式発行収入（＋）	株式発行収入（＋）
自己株式の取得（－）	自己株式の取得（－）
配当金支払（－）	配当金支払（－）
財務活動によるCF計	**財務活動によるCF計**
現金及び現金同等物の増減額	現金及び現金同等物の増減額
現金及び現金同等物期首残高	現金及び現金同等物期首残高
現金及び現金同等物期末残高	**現金及び現金同等物期末残高**

直接法のキャッシュフローと同じ

明していきます。

前述したように、日本では2000年3月期決算から、上場会社等の有価証券報告書を提出する必要のある会社に対して、CSの作成が義務付けられましたが、中小企業などはCSを作る必要はありません。

ただ、日本の多くの会社は、昔から「資金繰り表」なるものを作ってきました。資金繰り表は法律で定められた書式がありませんので各社各様に作っているのですが、一般的なフォームは図表1-16の一番右側のような形です。

一番上の枠が「経常収支」です。現金売上や給与・賞与等の支払いなど、経常的な現金の出入りが記載されています。その下の枠が「設備等収支」。これは設備を買ったり売ったりしたときの現金の出入りです。一番下の枠が「財務収支」。借金をしたり、それを返済したりしたときの現金の出入りが記載されています。会社によっては設備等収支が割愛されている場合もありますが、一般的なフォームはこんな形です。

図表1-16の一番左の表と、一番右の資金繰り表を比較してみてください。表の構造はよく似ていますね。CSは資金繰り表と同じ構造の表で、1年間の現金の出入りを表

しているものです。ただ、作成の目的が違うのです。資金繰り表は日々の決済のお金が足りなくなったりしないように、現金の動きを整理しておくために作るものですが、CSは財務3表のひとつとして、1年間の現金の出入りを説明するために作るものなのです。

②「小計」の意味

ここからCSについて大切なことを2つ説明しますので、じっくりと読み進めてください。大切なことのひとつ目は、CSの「営業活動によるキャッシュフロー」の欄の中に、なぜ「小計」という項目が設けられているのかということです。

「小計」の下側を見てください。「利息の受取額」「利息の支払額」「法人税等の支払額」というような項目が並んでいます。この中で、例えば「利息の支払額」に注目してみましょう。PLにも支払利息というものがありました。支払利息はPLのどこに記載されていたでしょうか。39ページの説明で、支払利息は営業外費用に入ると言いました。支払利息は本業の営業活動に係る費用ではないからです。

もう一度、74・75ページの図表1-16に戻って、今度は資金繰り表を見てください。資金繰り表では、金利支払は財務収支に入っていますね。「利息の支払額」は、借金に関係するものですから「財務活動によるキャッシュフロー」の欄に入れておくべきものではないでしょうか。そうとも考えられますね。

ここで今までの話を白紙にして、みなさんの思考回路をガラッと変えてみてください。みなさんの会社は、借金をすることによって営業活動を続けられています。この営業活動を継続するために毎年支払わなければならない「利息の支払額」は、「営業活動によるキャッシュフロー」に入れると考えてもおかしくはないですよね。

このような、営業・投資・財務のどこの欄に分類したらよいかわからないようなものを、「営業活動によるキャッシュフロー」の欄にまとめて入れているわけです。そうすると困ったことが起きます。この会社の純粋な営業活動による現金の出入りの額が、すぐにはわからなくなってしまうのです。なので、「小計」という項目を設けて、まずこの会社の純粋な営業活動によるキャッシュの増減額を表しておいてから、「小計」以下のものをひっくるめて「営業活動によるキャッシュフロー」にしているのです。[*6]

覚えておいていただきたい大切なことの1点目は、「小計」の意味です。「小計」はその会社の純粋な営業活動によるキャッシュの増減を表しているところなのです。

③CSの2つの作成方法：「直接法」と「間接法」

大切なことの2点目は、CSの作り方についてです。CSの作り方には2つの方法があります。直接法と間接法です。直接法は読んで字のごとく、日々の現金の動きを直接積み上げて作ります。すべての伝票を単式簿記を使って、つまり現金の動きにしたがって整理すれば、収支計算書である直接法のCSができあがります。

＊6　なお、利息と配当に関しては2種類の表示方法が認められています。ひとつはこれまで説明してきたように、受取利息・受取配当金・支払利息は営業キャッシュフローに表示し、支払配当は財務キャッシュフローに表示する方法です。もうひとつの方法は、受取利息・受取配当金は投資キャッシュフローに表示し、支払利息・支払配当は財務キャッシュフローに表示するというものです。どちらが原則というわけではありません。ただ、実際には前者の例の方が圧倒的に多いような気がします。

しかし、今まで何度も説明してきたように、会社の伝票は複式簿記によって整理され、PLとBSになっています。せっかくすべての伝票を複式簿記で整理しているのに、同じすべての伝票をまた一から単式簿記で整理しなおすのは大変な作業です。そこで、すでにできあがっているPLとBSの数字を使って、間接的に現金の動きを計算するという方法で作るのが間接法のCSなのです。

間接法CSの作り方をもう少しだけ説明しておきましょう。間接法CSは、PLの税引前当期純利益を起点にして作ります。

ここでよく理解しておいていただきたいことは、PLの利益というものは、現金の動きとは関係なく上がったり下がったりするものだということです。例えば、9月末決算の私の会社が、9月に会計研修を実施したとしましょう。9月に会計研修を実施すれば、私の会社では9月にPLに売上を計上します。PLはその期の正しい利益を計算するもの、つまりその期の正しい営業実態を説明するものだからです。

ところが、一般の企業間取引では、9月に実施した会計研修の講師料は数カ月後に支払われます。私の会社は9月末決算ですから、9月の会計研修の売上は9月にPLに計上され、利益もあがります。しかし、この9月に実施された会計研修に係る現金の動きは、その期の財務諸表のどこにも現れないのです。つまり、会社の利益というものは、その期の正しい営業実態を表すために、現金の動きとは関係なく、上がったり下がったりするものなのです。

間接法CSは、現金の動きとは関係なく上がったり下がったりする税引前当期純利益を起点にして、現金の動きとは関係なく税引前当期純利益を上げたり下げたりした要因を足し引き計算して、税引前当期純利益から実際の現金の動きを計算するという方法で作るのです。

ここまでの説明で、何のことやらわからなくなった人がいると思います。もし、わからなくなってしまったら、そのままほったらかしにしておいてください。次の第2章に進めば、私の言っていることが手に取るようにわかってきます。

この時点で理解しておいていただきたいのは、CSの作り方には直接法と間接法の2通りがあるということ。そして、直接法は直接現金の動きを積み上げて作るもの。間接法はPLの税引前当期純利益を起点にして、現金の動きがないのに利益を増減させた要因を足し引き計算して、実際の現金の動きを計算するという方法で作るもの。これだけ理解しておいていただければ十分です。

なお、直接法CSと間接法CSで、違いがあるのは営業活動によるキャッシュフローの欄だけです。投資活動によるキャッシュフローと財務活動によるキャッシュフローの欄は、直接法CSと間接法CSで違いはありません。第2章の財務3表の図では、間接法CSの投資活動によるキャッシュフローと財務活動によるキャッシュフローの欄は割愛しています。

これで財務3表の構造の説明は終わりです。それでは、ここまでの知識をベースにして、いよいよ本論の「財務3表一体理解法」に進んでいきましょう。

第2章　財務3表一体理解法～基礎編

（1）財務3表のつながりを理解する

①財務3表の5つの「つながり」

第1章で、ＰＬ・ＢＳ・ＣＳの財務3表はそれぞれにつながっていて、それがわかれば会計の仕組みが理解できるようになると言いました。この章では、いよいよそれを実践します。

みなさんには、これから会社を設立していただき、その会社の一つひとつの取引を通して、この「つながり」の理解を深めていっていただきます。この「財務3表一体理解法」では、「各取引が行われた瞬間に、仮に財務3表を作ったらどうなっているか」という手法で学習を進めていきます。それは、さながら「ドリル」を連想させるようなものです。

ただ、その前に財務3表の「つながり」の全体像を示しておきましょう。次のページの図表2－1の矢印線が示すように、PL・BS・CSの3表には、A～Eの5つの「つながり」があります。

A—第1章で、PLの「当期純利益」は、BSの純資産の部の「利益剰余金」とつながっていると説明しました。ただし、正しく言えば、**PLの当期純利益は、BSの利益剰余金の中のひとつの項目である「繰越利益剰余金」とつながっています。**BSの純資産の部の詳細については、この章の最後で詳しく説明します。ここでは、「PLの当期純利益は、BSの利益剰余金の中の繰越利益剰余金とつながっている」と覚えておいてください。

B—BSの右側は「これまでにどうやってお金を集めてきたか」を表し、左側はそれが「今どういう形に変わって会社の中に存在しているか」を表していますので、当然、**BSの右側の合計と左側の合計は一致します。**

図表 2-1　**財務3表の基本的なつながり方**

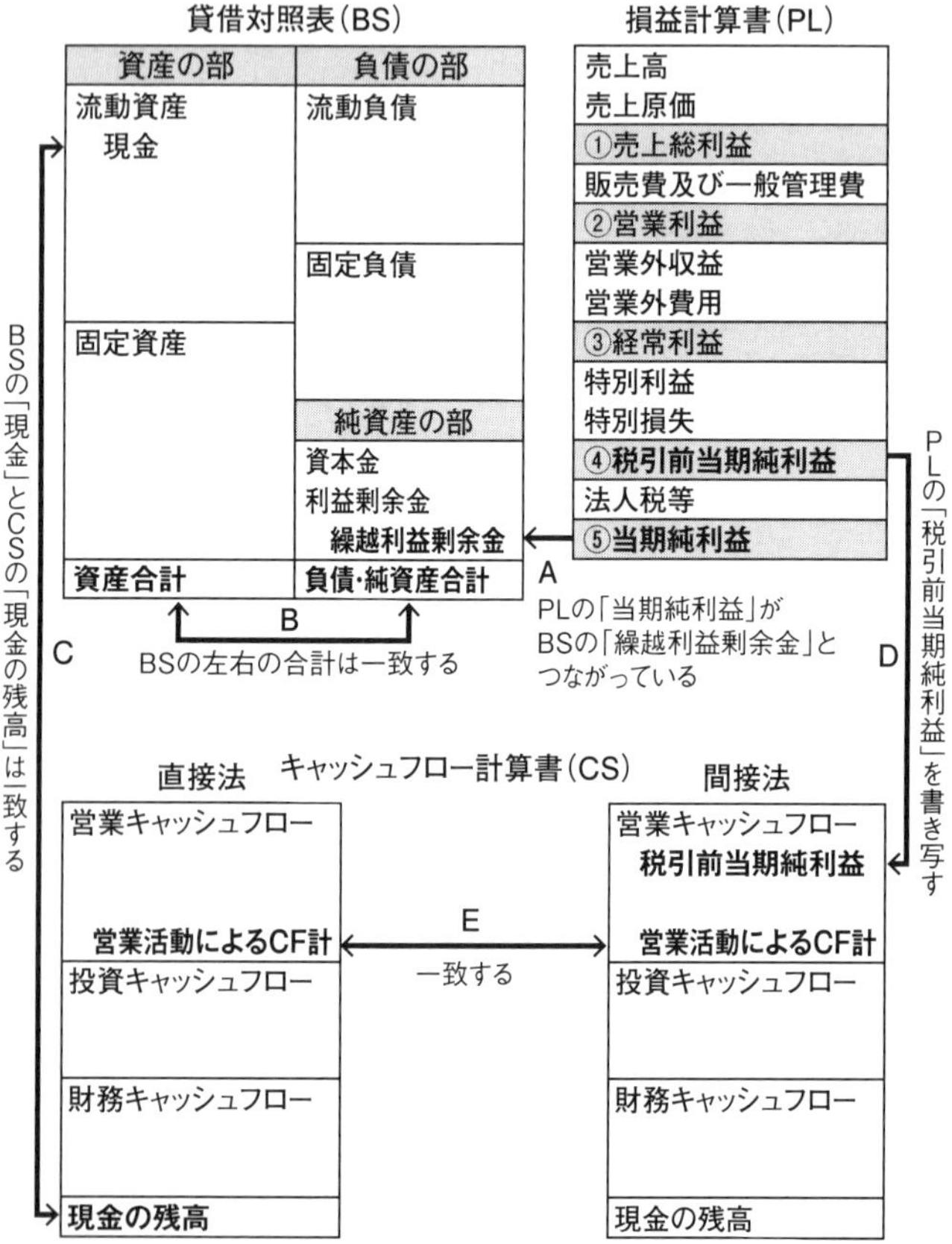

C——直接法ＣＳは、その期の初めから現在までの実際の現金の動きを、営業キャッシュフロー（以下、ＣＦ）・投資ＣＦ・財務ＣＦに分類して表記した収支計算書です。したがって、現金の動きを計算した最後の項目、つまりＣＳの一番下の「現金の残高」は、会社に現在ある現金の額を示しています。**このＣＳの一番下の「現金の残高」と、ＢＳの一番上の「現金」は一致します**。なぜなら、ＢＳの左側は、その時点に会社が持っている資産を表していて、その時点で会社が現金の形で持っている資産が、ＢＳの左側の「現金」だからです。

D——間接法ＣＳは、ＰＬの「税引前当期純利益」を起点にして、現金の動きがないのにＰＬの利益を変動させたものを足し引き計算して、実際の現金の動きを求めるものです。なので、**間接法ＣＳの一番上には、ＰＬの「税引前当期純利益」が書き写されます**。

E——そうして計算した**間接法ＣＳの営業活動によるＣＦ計と、直接法ＣＳの営業活動に**

よるCF計は一致します。計算方法が違うだけで、同じ営業活動による現金の動きを表しているのですから、この2つの数字は一致していなければおかしいのです。

ちなみに、「財務3表」という場合、もちろんCSは1つだけです。ほとんどの会社が間接法でCSを作っています。第1章の説明で、読者のみなさんの中には間接法のCSがわかりづらいと思った方がおられると思います。本書では、間接法のCSをより理解しやすくするために直接法のCSと一緒に学ぶ形にしています。

②日本の漆器をインターネットで海外に販売する事業を想定

では、早速みなさんに会社を設立していただきます。第1章で、みなさんには漆器販売会社の社長になっていただくと言いましたが、もう少しビジネスのイメージを具体的にしておきましょう。

みなさんは現在、会社勤めをしていますが、一度しかない人生ですから、独立して本当に価値あることをしたいと考えていたとしましょう。「価値あることをしたい」と考えていたみなさんは、日本の伝統工芸品を海外向けに販売する事業を思いつきました。日本にはハイテク製品だけでなく、世界に誇れる伝統工芸品が数々あります。折しも、海外では日本食がブームです。そこで、日本の漆器を全世界に販売しようと考えました。漆塗りの「おわん」や「はし」を仕入れて、インターネットを通して海外に販売するのです。もし会社が繁盛すれば、日本の伝統工芸技術を保存していくことに役立ちます。

商売の「価値」は十分ありそうです。陶磁器のことを英語で China と言いますが、漆器は Japan です。そこで、みなさんは「The Japan」という会社を設立することにしました。

③一つひとつの取引ごとに財務3表を見る手法

会社を設立してビジネスを始めると、実にさまざまな取引が発生します。銀行から運転資金を借りたり設備投資をしたりして、ビジネスの基礎を築くことがまず必要でしょう。最初は信用がないので、商品を現金で仕入れて現金で販売しなければなりません。しかし、しだいに実績が積み上がっていくと、買掛で商品を仕入れて売掛で販売することができるようになります。[*7] そうして利益をあげられるようになると、社員に給料を支払ったり、借りていたお金を返したりして次に備えます……。

これからみなさんは、財務3表を見ながら、いま述べたような一つひとつの取引に伴う数字の動きを順々に追っていきます。そして、その財務3表で、前述したAからEまでの5つの「つながり」を、具体的な数字で確認していきます。

92・93ページの図が、これからみなさんが作る財務3表の「完成形」です（単位は、すべて万円です）。表を見る順番は基本的に次のような手順になります。

❶ 第一に、それぞれの取引がPLに影響を与えるかどうかを見ます。PLに影響を与える取引だと数字が変化しますが、取引によってはPLの数字が全く動かない場合もあります。

↓

❷ 次に、PLの「当期純利益」がBSの「繰越利益剰余金」とつながっていることを確認します（**つながりA**）。

❸ ←BSの左側の合計と右側の合計は常に一致します。それぞれの取引でBSのそれぞれの項目の数字に変化があっても、BSの左右が一致していることを確認します**（つながりB）**。

❹ ←次に、直接法CSで実際の現金の動きを確認します。

❺ ←直接法CSの一番下にある「現金&同等物期末残高」が、BSの「現金及び預金」と一致していることを確認します**（つながりC）**。

←

＊7 買掛とか売掛という取引は、商品を仕入れたり販売したりした後しばらくしてから現金の受け渡しを行うビジネスの形態のことです。企業間のビジネスでは、商品の受け渡しと現金の受け渡しのタイミングがずれる、買掛とか売掛の取引が一般的です。

❻ 次は、間接法CSです。間接法CSの一番上の数字は、PLの「税引前当期純利益」であり、それが書き写されていることを確認します（**つながりD**）。

←

❼ 最後に、間接法CSの「営業活動によるCF計」が直接法CSの「営業活動によるCF計」と一致していることを確認します（**つながりE**）。

損益計算書（PL）

売上高	1800
売上原価	
期首商品棚卸高	0
当期商品仕入高	900
期末商品棚卸高	100
差引	800
売上総利益（粗利）	1000
販管費	
給料手当	50
外注費	20
荷造運賃発送費	100
事務用品費	5
減価償却費	10
営業利益	815
営業外費用	
支払利息	50
繰延資産償却費	6
経常利益	759
税引前当期純利益	759
法人税等	200
当期純利益	559

❶PLに影響を与えるか

❷BSとつながっている

❻「税引前当期純利益」を書き写す

貸借対照表（BS）　（単位：万円）

資産の部		負債の部	
流動資産		**流動負債**	
現金及び預金	397	買掛金	
売掛金	500	短期借入金	
商品	100	未払法人税等	200
		預り金	2
		固定負債	
		長期借入金	
固定資産		**純資産の部**	
有形固定資産		**株主資本**	
工具器具備品	40	資本金	300
		利益剰余金	
繰延資産		繰越利益剰余金	559
創立費	24		
資産合計	1061	**負債・純資産合計**	1061

❸左右が一致する

❹現金の動きを確認する

❺上下が一致する

直接法CS

営業キャッシュフロー	
営業収入（＋）	1300
商品の仕入支出（－）	-900
人件費支出（－）	-48
その他の営業支出（－）	-125
小　計	227
利息の支払額（－）	-50
法人税等の支払額（－）	
営業活動によるCF計	177
投資キャッシュフロー	
固定資産取得（－）	-50
その他の投資支出（－）	-30
投資活動によるCF計	-80
財務キャッシュフロー	
短期借入収入（＋）	500
短期借入返済（－）	-500
株式発行収入（＋）	300
財務活動によるCF計	300
現金＆同等物の増減額	397
現金＆同等物期首残高	0
現金＆同等物期末残高	397

❼一致する

間接法CS

営業キャッシュフロー	
税引前当期純利益	759
減価償却費（＋）	10
支払利息（＋）	50
その他非資金損増加（＋）	6
売上債権の増加（－）	-500
棚卸資産の増加（－）	-100
仕入債務の増加（＋）	
その他負債の増加（＋）	2
小　計	227
利息の支払額（－）	-50
法人税等の支払額（－）	
営業活動によるCF計	177

投資CFと財務CFは直接法CSと同じ

最初は7つの手順に沿って丁寧に解説していきますが、すべての項目でこの通りに解説するわけではありません。ただし、思考の順番は常に1から7の順ですので、この順を頭に入れながら読み進めてください。

それでは、早速それぞれの取引にしたがって、財務3表の数字がどう動いていくか見ていきましょう。まずは会社設立です。みなさんが少しずつ貯めてきた300万円を資本金として、会社を設立します。

〈注意〉

これから説明する財務3表の様式は、基本的に日本の会計基準や法令等に則って作っていますが、紙面の制約のため一部に例外があります。例えば、勘定科目の表記を一部簡略化し、PLの「販売費及び一般管理費」を「販管費」としたり、CSの「現金及び現金同等物の期末残高」を「現金&同等物期末残高」としたりしています。

ちなみに、86ページの図表2-1で説明したCSの一番下は「現金の残高」ではなく、正しくは「現金及び現金同等物の期末残高」ですし、BSの一番上は「現金」ではなく

「現金及び預金」です。

会計の定義では、CSの「現金及び現金同等物の期末残高」には、現金及び3カ月以内の定期預金等が含まれます。一方、BSの「現金及び預金」には、現金及び1年以内の定期預金等が含まれます。このため、実際の財務3表では、CSの一番下とBSの一番上の数値は完全に一致せず、多少違いがある場合があります。

この本は、「会計の仕組みを理解する」という大きなテーマに重点を置いていますので、細かい点は省略してある場合があることをご理解ください。

(2) 一つひとつの取引が財務3表にどう反映されるかを理解する

① 資本金300万円で会社を設立する

資本金300万円で会社を設立するということは、300万円の資本金が現金の形でみなさんの会社に入ってくることを意味します。具体的には、みなさんの個人名義の銀行口座にあった300万円を、会社名義の銀行口座に振り込みます。この資本金300万円はPLに影響を与えるでしょうか。

ここからの第2章の解説は、第1章で説明した30ページの図表1－2を見ながら読み進めると理解が深まります。図表1－2と同じものを巻末に折りたたんでいますので、それを開いて図表1－2を書籍の左側に見えるようにして読み進めてみてください。

図表1－2を見ればわかるように、資本金で会社を設立するということは、すべての

会社に共通する3つの活動で言えば、会社がお金を集めてくる活動は、BSの右側とCSの一番下に表れます。PLには線がつながっていませんね。

このことは少し考えてみればすぐにわかります。資本金が入ってきても売上があがるわけではありません。売上は、商品やサービスを提供することによってあがるのです。ですから、資本金でPLは何も変化しません。PLのことを、収支計算書のような現金の動きをあらわす表のように思っている人がいますが、PLは現金の動きをあらわす表ではありません。当期の正しい利益を計算するための表なのです。

ここからは次のページの財務3表の図を見ながら読み進めてください。PLの5つの利益はすべて「0」です。この「0」がBSの繰越利益剰余金の「0」とつながっています。

BSの右側は、純資産の部の「資本金」に300万円が入ります。この会社が資本金という形でお金を集めてきたことを意味します。BSの左側は、集めたお金がどういう形になって会社の中にあるかを表すものでしたね。いま資本金は現金の形で入ってきて、まだ何にも使っていませんから、みなさんの会社の銀行口座に３００万円の現金が入ってきたということです。左側の「現金及び預金」が３００万円になっています。ＢＳの右側の合計と左側の合計は、どちらも３００万円で一致します。

次に直接法のＣＳです。資本金は、この会社が資本家（今回の例ではみなさんご自身）から集めてきたお金ですから、財務ＣＦに当てはまります。図表１－２に示されている通りです。財務ＣＦの「株式発行収入」として３００万円が入ります。「株式発行収

損益計算書（PL）

売上高	
売上原価	
期首商品棚卸高	
当期商品仕入高	
期末商品棚卸高	
差引	
売上総利益（粗利）	0
販管費	
給料手当	
外注費	
荷造運賃発送費	
事務用品費	
減価償却費	
営業利益	0
営業外費用	
支払利息	
繰延資産償却費	
経常利益	0
税引前当期純利益	0
法人税等	
当期純利益	0

❶ＰＬに影響を与えるか

❷ＢＳとつながっている

❻「税引前当期純利益」を書き写す

貸借対照表（BS）

（単位：万円）

資産の部		負債の部	
流動資産		**流動負債**	
現金及び預金	300	買掛金	
売掛金		短期借入金	
商品		未払法人税等	
		預り金	
		固定負債	
固定資産		長期借入金	
有形固定資産		**純資産の部**	
工具器具備品		**株主資本**	
		資本金	300
繰延資産		利益剰余金	
創立費		**繰越利益剰余金**	0
資産合計	300	**負債・純資産合計**	300

❺上下が一致する

❸左右が一致する

❹現金の動きを確認する

直接法 CS

営業キャッシュフロー	
営業収入(+)	
商品の仕入支出(−)	
人件費支出(−)	
その他の営業支出(−)	
小　計	0
利息の支払額(−)	
法人税等の支払額(−)	
営業活動によるCF計	0
投資キャッシュフロー	
固定資産取得(−)	
その他の投資支出(−)	
投資活動によるCF計	0
財務キャッシュフロー	
短期借入収入(+)	
短期借入返済(−)	
株式発行収入(+)	300
財務活動によるCF計	300
現金＆同等物の増減額	300
現金＆同等物期首残高	0
現金＆同等物期末残高	300

❼一致する

間接法 CS

営業キャッシュフロー	
税引前当期純利益	0
減価償却費(+)	
支払利息(+)	
その他非資金損増加(+)	
売上債権の増加(−)	
棚卸資産の増加(−)	
仕入債務の増加(+)	
その他負債の増加(+)	
小　計	0
利息の支払額(−)	
法人税等の支払額(−)	
営業活動によるCF 計	0
投資CFと財務CFは直接法CSと同じ	

入」という言葉にはあまりこだわらないでください。私のような会計の専門家ではない人間にとっては「資本金収入」と書かれている方がはるかにわかりやすいですが、資本金は会社が株式を発行して資本家からお金を入れてもらうので、そう表現するのです。

CSの「現金&同等物の増減額」は、その期が始まってから今までの現金の増減額を表します。別の言い方をすれば、「営業活動によるCF計」と「投資活動によるCF計」と「財務活動によるCF計」の、3つの欄の合計額が「現金&同等物の増減額」です。なお、CSの下部の3行は、期首の現金残高に当期の増減額を加えれば、期末の現金残高になることを表しています。

今は会社を設立した最初の期なので、資本金が300万円入ってきただけです。したがって、現金&同等物の増減額は300万円のプラスになり、「現金&同等物期首残高」は「0」ですから、「現金&同等物期末残高」も同様に300万円のプラスになります。そして、それは、BSの「現金及び預金」の300万円と一致しています。BSの「現金及び預金」は、現在会社にある現金の額を表しますから、常にCSの一番下と一致します。

間接法のCSは、PLとBSの数字から逆算して現金の動きを求めるものでした。PLの税引前当期純利益は「0」です。この「0」が間接法CSの一番上とつながっています。今回は営業活動に関する現金の動きはありませんから、その「0」を下まで降ろして営業活動によるCF計は「0」になり、直接法の営業活動によるCF計と一致しています。

なお、前述したように、直接法CSと関接法CSで違いがあるのは営業CFだけですなので、間接法の投資CFと財務CFは割愛しています。

②事務用品を現金5万円で購入

資本金300万円で会社を設立して事業スタートです。経費節減のため事務所は借りず、自宅の物置になっている部屋を片づけてオフィスにすることにしました。部屋はキレイになりましたが、ボールペンやホチキス、ファイルなど事務用品がありません。そこで近くのホームセンターに行って、必要な事務用品を総額5万円分買ってきました。もちろん現金払いです。

このとき、財務3表はどうなるでしょうか。ここからは次のページの財務3表の図を見ながら読み進めてください。事務用品は、みなさんがこれから営業活動を行ううえで必要な経費です。なので、PLの「販管費」の「事務用品費」に5万円が入ります。現時点で売上は「0」ですから、5万円の経費だけが発生し、営業利益以下の4つの利益はすべて「マイナス5」になります。

ちなみに、PLに計上する数字は、売上であろうが費用であろうが、すべて正の数で記入します。そして、利益が赤字になる場合は、マイナスで表記することにします。「当期純利益」の「マイナス5」が、BSの繰越利益剰余金の「マイナス5」へとつながっていきます。このことでBSの右側の合計は5万円減って295万円となりました。これは、会社が集めてきたお金が、会社が赤字を出すことによって5万円分少なくなったことを意味します。

BSの左側は、この事務用品費を現金5万円で購入したのですから、現金及び預金が300万円から295万円に5万円減ります。その結果、左側の合計も295万円となってBSの左右が一致します。

ここで、会計を初めて勉強しておられる方には、ひとつの発見があったのではないでしょうか。私が新入社員のころ、会計の本を読んでわからなかったのがこのポイントです。会計の本には「BSの左右は常に一致する」と書いてあります。ところが、このように事務用品を現金5万円で買うと、BSの左側の現金は間違いなく5万円少なくなります。しかし、事務用品を買ったからといって、借入金や資本金が減るはずはありません。こんな例を考えながら、新入社員のころ「どうしてBSは常に左右が一致するんだろう」と疑問に思っていました。

　事務用品を現金で購入すると、ＢＳの左側の現金が減った分だけ、ＰＬに費用として計上されます。それが利益を押し下げ、その利益がＢＳの右側とつながっているから、常にＢＳは左右が一致するのです。

　また、私の本を素直に読んでこられた方の中には、これとは違う疑問を持たれた方がいるのではないでしょうか。つまり、ＢＳの左側は集めてきたお金が今どのような形に

損益計算書（PL）

売上高	
売上原価	
期首商品棚卸高	
当期商品仕入高	
期末商品棚卸高	
差引	
売上総利益（粗利）	0
販管費	
給料手当	
外注費	
荷造運賃発送費	
事務用品費	5
減価償却費	
営業利益	−5
営業外費用	
支払利息	
繰延資産償却費	
経常利益	−5
税引前当期純利益	−5
法人税等	
当期純利益	−5

❶ＰＬに影響を与えるか

❷ＢＳとつながっている

❻「税引前当期純利益」を書き写す

貸借対照表（BS）

（単位：万円）

資産の部		負債の部	
流動資産		流動負債	
現金及び預金	295	買掛金	
売掛金		短期借入金	
商品		未払法人税等	
		預り金	
		固定負債	
		長期借入金	
固定資産		純資産の部	
有形固定資産		株主資本	
工具器具備品		資本金	300
繰延資産		利益剰余金	
創立費		繰越利益剰余金	-5
資産合計	295	負債・純資産合計	295

❸左右が一致する

❹現金の動きを確認する

❺上下が一致する

直接法 CS

営業キャッシュフロー	
営業収入（＋）	
商品の仕入支出（－）	
人件費支出（－）	
その他の営業支出（－）	-5
小　計	-5
利息の支払額（－）	
法人税等の支払額（－）	
営業活動によるCF計	-5
投資キャッシュフロー	
固定資産取得（－）	
その他の投資支出（－）	
投資活動によるCF計	0
財務キャッシュフロー	
短期借入収入（＋）	
短期借入返済（－）	
株式発行収入（＋）	300
財務活動によるCF計	300
現金＆同等物の増減額	295
現金＆同等物期首残高	0
現金＆同等物期末残高	295

❼一致する

間接法 CS

営業キャッシュフロー	
税引前当期純利益	-5
減価償却費（＋）	
支払利息（＋）	
その他非資金損増加（＋）	
売上債権の増加（－）	
棚卸資産の増加（－）	
仕入債務の増加（＋）	
その他負債の増加（＋）	
小　計	-5
利息の支払額（－）	
法人税等の支払額（－）	
営業活動によるCF計	-5

投資CFと財務CFは直接法CSと同じ

変わって会社の中に存在するかをあらわす表であり、ここでは集めてきたお金が事務用品に変わっているのだから、BSの左側に「事務用品」として5万円計上すべきではないのかという疑問です。

そう考えた方は、考え方としてはそれで正しいのです。会計上のあるべき姿から言えば、事務用品はいったんBSの左側に「事務用品」として計上し、1年間に使いきったものだけ改めてPLに計上しなおすべきなのです。しかし、このような少額の（会計では「重要性の乏しい」と言います）、基本的に1年で使いきるようなものは、最初からBSには計上せず、すべてPLに計上するという処理が通常では一般的なのです。

さらに言えば、1事業年度が終わった後でも、ボールペン2本・ファイル3冊など、購入した事務用品の一部が残っているかもしれません。しかし、そういったものも、すべて使い切ったものとしてPLに計上するのが一般的です。

話を元に戻しましょう。直接法CSでは、営業CFの「その他の営業支出」のところに「マイナス5」が入ります。直接法CSでは、会社から出て行くお金はすべて「マイナス」、会社に入ってくるお金はすべて「プラス」です。CSの一番下まで計算すると現金&同等物期末残高は295万円になり、BSの現金及び預金の295万円と一致していることが確認できます。

間接法CSの一番上にはPLの税引前当期純利益の「マイナス5」が入ります。この「マイナス5」は事務用品費の現金支出を反映したものですから、この「マイナス5」をそのまま下に降ろすと、直接法CSの営業活動によるCF計の「マイナス5」と一致します。

ここでよくイメージしておいていただきたいのは、CSは直接法・間接法共に現金の動きをあらわす表だということです。そして、直接法は現金の動きが直接表されています。間接法は、現金の動きがPLを経由して間接的に表されている感じなのです。

間接法CSの営業CFの欄は、現金の動きがないのにPLの税引前当期純利益が変動する場合に、現金の動きを逆算するための欄です。今回の事務用品費は現金取引なので、営業CFの欄では何もすることはありません。この間接法の営業CFの欄の動きについては、今後、買掛金や売掛金など現金の動きのない取引のところで詳しく説明します。

③パソコンを現金50万円で購入

筆記用具やファイルなどの事務用品はそろいましたが、インターネットで漆器を海外に販売するための必需品であるパソコンがありません。

そこで現金50万円でパソコンを購入したとしましょう（少し値段が高すぎますが、細かいことは気にしないでください）。これを財務3表の上に表します。パソコンを使って商売をするわけですから、パソコンも事務用品と同じく、PLに何がしかの費用を計上しなければなりません。ところが、このパソコンの会計上の処理は、前項の事務用品とは異なります。

事務用品は通常すぐに使ってしまう消耗品ですが、パソコンは長期にわたって使用します。それなのに、この費用をこの期だけの費用としてしまうと、この期の費用だけが過大なものになってしまいます。また、来期以降もこのパソコンを使用してビジネスをするのに、来期以降はこのパソコンの費用を計上しなくてもよくなってしまいます。

このように長期にわたって使用するものの費用の計上には、「減価償却」という考え方を使います。ただ、減価償却の考え方については後で詳しく説明しますので、ここでは、パソコンの費用をPLには計上せず、パソコンを会社の「固定資産」として認識する処理を行います。実際の経理処理でも、固定資産を購入したときには固定資産購入の処理だけを行い、減価償却の処理は期末に行います。

ここからは次のページの財務3表の図を見ながら読み進めてください。この時点で費用処理は行わないので、PLに動きはありません。したがって、BSの右側も変化しません。

今回のパソコンの購入を考えるうえでも、巻末の図表1－2が役に立ちます。何年も使用するパソコンの購入は、あなたの会社にとっては投資活動にあたります。図表1－2のように、投資活動はBSの左側に表れます。

BSの左側は、パソコンを現金50万円で購入したのですから、現金及び預金が295万円から50万円減って245万円になります。そして、固定資産のところに「工具器具備品」50万円としてパソコンが計上されます。BSの左側は現金及び預金が50万円減っ

損益計算書（PL）

損益計算書（PL）	
売上高	
売上原価	
期首商品棚卸高	
当期商品仕入高	
期末商品棚卸高	
差引	
売上総利益（粗利）	0
販管費	
給料手当	
外注費	
荷造運賃発送費	
事務用品費	5
減価償却費	
営業利益	−5
営業外費用	
支払利息	
繰延資産償却費	
経常利益	−5
税引前当期純利益	−5
法人税等	
当期純利益	−5

❶PLに影響を与えるか

❷BSとつながっている

❻「税引前当期純利益」を書き写す

て、代わりに工具器具備品に50万円が記載されましたから、BSの左側の合計に変化はありません。BSの右も左も合計295万円のままです。

今回、50万円の現金を支払ってパソコンを購入したのだから、このBSの「工具器具備品」には「マイナス50が入るのではないか」と考える方がおられるようですが、基本的にBSにマイナスは出てきません。なぜなら、BSの右側は「どうやってお金を集めてきたか」というお金を集めてくる方法が書いてあって、BSの左側には「その集めて

貸借対照表（BS）　（単位：万円）

資産の部		負債の部	
流動資産		流動負債	
現金及び預金	245	買掛金	
売掛金		短期借入金	
商品		未払法人税等	
		預り金	
		固定負債	
		長期借入金	
固定資産		純資産の部	
有形固定資産		株主資本	
工具器具備品	50	資本金	300
		利益剰余金	
繰延資産		繰越利益剰余金	-5
創立費			
資産合計	295	負債・純資産合計	295

❸左右が一致する

❹現金の動きを確認する

❺上下が一致する

直接法CS

営業キャッシュフロー	
営業収入（＋）	
商品の仕入支出（－）	
人件費支出（－）	
その他の営業支出（－）	-5
小　計	-5
利息の支払額（－）	
法人税等の支払額（－）	
営業活動によるCF計	-5
投資キャッシュフロー	
固定資産取得（－）	-50
その他の投資支出（－）	
投資活動によるCF計	-50
財務キャッシュフロー	
短期借入収入（＋）	
短期借入返済（－）	
株式発行収入（＋）	300
財務活動によるCF計	300
現金＆同等物の増減額	245
現金＆同等物期首残高	0
現金＆同等物期末残高	245

❼一致する

間接法CS

営業キャッシュフロー	
税引前当期純利益	-5
減価償却費（＋）	
支払利息（＋）	
その他非資金損増加（＋）	
売上債権の増加（－）	
棚卸資産の増加（－）	
仕入債務の増加（＋）	
その他負債の増加（＋）	
小　計	-5
利息の支払額（－）	
法人税等の支払額（－）	
営業活動によるCF計	-5
投資CFと財務CFは直接法CSと同じ	

きたお金が今どういう形に変わって存在するか」という存在を表しているだけだからです。もちろん、BSにマイナスが出てくる例外はいくつかあるのですが、それは『新版財務3表一体理解法 発展編』で説明しています。

マイナスが出てくるのはCSです。CSは収支計算書です。この取引によって50万円の現金が出ていくなら、CSのどこかに「マイナス50」が現れます。CSでは、その「マイナス50」を営業・投資・財務の3つの欄に分類して記載するだけなのです。CSこそが現金の動きをあらわす表であることをよくイメージしておいてください。

直接法CSでは、固定資産の購入は投資CFで表します。投資CFの「固定資産取得」の項目に「マイナス50」が入ります。

このCSの記入箇所を考えるうえでも、巻末の図表1－2が参考になります。パソコン購入とは、工具器具備品という固定資産を取得する投資活動です。固定資産を取得するという投資活動によって、50万円の現金が会社から出ていったのです。

CSの営業活動によるCF計は「マイナス5」、投資活動によるCF計は「マイナス50」、財務活動によるCF計は300ですから、この3つの数字を合計し、CSの一番下まで計算すると、現金&同等物期末残高は245万円になります。そして、これはBSの現金及び預金の245万円と一致しています。

間接法CSの一番上にはPLの税引前当期純利益の「マイナス5」が入っていますが、それ以外に営業活動によるCFに動きはありませんから、直接法・間接法ともに営業活動によるCF計は「マイナス5」のままです。

④ホームページ作成を発注、外注費20万円を現金で支払う

パソコンがオフィスに運び込まれ、仕事をする準備が整いました。まずは商品を販売するために、会社のホームページ（ＨＰ）を作らなければなりません。知り合いのウェブデザイナーにお願いすることにしました。さすがにプロは違います。お洒落なＨＰができあがりました。ＨＰの左上には「The Japan」の文字がセンスよく浮かびあがり、漆器の写真もなかなかの出来栄えです。料金を聞くと、格安の「20万円でいい」とのこと。早速、ＨＰ作成の外注費として20万円を現金で支払いました。

さあ、財務3表です。ＨＰの改訂は通常頻繁に行われます。今回作るＨＰも1年以内に全面改訂する予定ですので、この外注費は今期の費用としてＰＬに計上します。仮に、ＨＰを1年以上使う予定であれば、会社の資産として認識して46ページで説明した「無形固定資産」に計上するなど別の処理方法もありますが、それは次の⑤のお題で詳しく説明します。ここでは1年以内に全面改訂する予定のＨＰとして、支出時の経費として

処理することにしましょう。

ここからは次のページの財務3表の図を見ながら読み進めてください。PLの販管費の「外注費」に20万円が入ります。販管費には事務用品費5万円がすでに計上されていて、それと合わせると25万円になりますから、営業利益以下の利益はすべて「マイナス25」になります。

当期純利益「マイナス25」が、BSの繰越利益剰余金の「マイナス25」とつながっています。このことでBSの右側の合計は20万円減って275万円となりました。BSの左側は、この外注費20万円を現金で支払ったのですから、現金及び預金の245万円が225万円になります。したがって、BSの左側の合計も275万円となり、右と左が一致します。

直接法CSでは、営業CFの「その他の営業支出」として20万円が出ていきます。ここもすでに事務用品として5万円が支払われていますから、その他の営業支出は「マイナス25」となります。投資活動によるCF計は「マイナス50」、財務活動によるCF計は300ですから、CSの一番下まで計算すると、現金&同等物期末残高は225万円。

これは、ＢＳの現金及び預金の２２５万円と一致しています。

間接法ＣＳの一番上にはＰＬの税引前当期純利益の「マイナス25」が入ります。この数字は今回の外注費の現金支出を反映したものですから、間接法ＣＳで作業はありません。「マイナス25」をそのまま下に降ろすと、直接法ＣＳの営業活動によるＣＦ計の「マイナス25」と一致しています。

損益計算書（PL）

売上高	
売上原価	
期首商品棚卸高	
当期商品仕入高	
期末商品棚卸高	
差引	
売上総利益（粗利）	0
販管費	
給料手当	
外注費	20
荷造運賃発送費	
事務用品費	5
減価償却費	
営業利益	-25
営業外費用	
支払利息	
繰延資産償却費	
経常利益	-25
税引前当期純利益	-25
法人税等	
当期純利益	-25

❶ＰＬに影響を与えるか

❷ＢＳとつながっている

❻「税引前当期純利益」を書き写す

貸借対照表（BS）　（単位：万円）

資産の部		負債の部	
流動資産		**流動負債**	
現金及び預金	225	買掛金	
売掛金		短期借入金	
商品		未払法人税等	
		預り金	
		固定負債	
		長期借入金	
		純資産の部	
固定資産		**株主資本**	
有形固定資産		資本金	300
工具器具備品	50	利益剰余金	
繰延資産		繰越利益剰余金	-25
創立費			
資産合計	275	**負債・純資産合計**	275

❸左右が一致する

❹現金の動きを確認する

❺上下が一致する

直接法CS

営業キャッシュフロー	
営業収入(+)	
商品の仕入支出(−)	
人件費支出(−)	
その他の営業支出(−)	-25
小　計	-25
利息の支払額(−)	
法人税等の支払額(−)	
営業活動によるCF計	-25
投資キャッシュフロー	
固定資産取得(−)	-50
その他の投資支出(−)	
投資活動によるCF計	-50
財務キャッシュフロー	
短期借入収入(+)	
短期借入返済(−)	
株式発行収入(+)	300
財務活動によるCF計	300
現金&同等物の増減額	225
現金&同等物期首残高	0
現金&同等物期末残高	225

❼一致する

間接法CS

営業キャッシュフロー	
税引前当期純利益	-25
減価償却費(+)	
支払利息(+)	
その他非資金損増加(+)	
売上債権の増加(−)	
棚卸資産の増加(−)	
仕入債務の増加(+)	
その他負債の増加(+)	
小　計	-25
利息の支払額(−)	
法人税等の支払額(−)	
営業活動によるCF計	-25

投資CFと財務CFは直接法CSと同じ

⑤創立費30万円を「資産」に計上する

最初から「創立費」の話をすると混乱するので後回しにしましたが、会社を設立するには、設立以前に会社の登記費用などが発生します。しかし、これら会社の設立にかかわる費用は設立初年度だけに影響する費用ではありません。パソコンを購入したときに、それをすぐに費用とせずに固定資産として計上したのと同様に、この創立費用は初年度だけの費用としてPLに計上するのではなく、資産としてBSに計上することができます。これがBSの左下にある「繰延資産」です。これまでBSの左側は流動資産と固定資産の2つに分かれると説明してきましたが、実はもうひとつ、この繰延資産という欄があるのです。

創立費は主に現金で支払われ、形があるものではありませんから、パソコンのように「資産」として計上することに違和感を覚えるかもしれませんが、これはもう「そうするように決まっているんだ」と考えるしかありません。

繰延資産として資産計上できる費用は、創立費のほかには、会社設立後営業開始までに支出した開業準備のための費用である「開業費」、新技術の開発や新市場の開拓などのための「開発費」、会社の社債発行や株式交付などに伴って発生する「社債発行費」、「株式交付費」の5つに限定されています。すべてその支出の効果が1期だけでなく、将来にわたって出てくるものですので、これは決まりとして5つを覚えておいてください。

さて、繰延資産は、パソコンなど固定資産の減価償却費と同じように、繰延資産の償却として毎期に分割（会計では「按分《あんぶん》」という言葉を使います）して、PLに費用を計上していきます。この方法については、減価償却費と一緒に後ほど詳しく説明しますので、ここではまず、創立費30万円を繰延資産に資産計上していく手順を学びましょう。

ここからは次のページの財務3表の図を見ながら読み進めてください。資産として計上するのですから、PLに動きはありません。したがって、BSの右側も変化しません。

BSの左側は、創立費として現金30万円を支出したのですから、現金及び預金が225万円から30万円減って195万円になり、代わりに繰延資産のところに創立費として

30万円が計上されます。つまり、現金及び預金が30万円減り、創立費30万円が付け加わったわけで、ＢＳの左側の合計に変化はありません。したがって、ＢＳの右も左も合計２７５万円のままで一致します。

直接法ＣＳでは、創立費はパソコンと同様に投資ＣＦで扱われ、「その他の投資支出」の項目に「マイナス30」が入ります。ＣＳの一番下まで計算すると、現金&同等物期末残高は１９５万円になります。これは、ＢＳの現金及び預金の１９５万円と一致し

損益計算書（PL）

❶ＰＬに影響を与えるか

売上高	
売上原価	
期首商品棚卸高	
当期商品仕入高	
期末商品棚卸高	
差引	
売上総利益（粗利）	0
販管費	
給料手当	
外注費	20
荷造運賃発送費	
事務用品費	5
減価償却費	
営業利益	-25
営業外費用	
支払利息	
繰延資産償却費	
経常利益	-25
税引前当期純利益	-25
法人税等	
当期純利益	-25

❷ＢＳとつながっている

❻「税引前当期純利益」を書き写す

貸借対照表（BS）

（単位：万円）

資産の部		負債の部	
流動資産		流動負債	
現金及び預金	195	買掛金	
売掛金		短期借入金	
商品		未払法人税等	
		預り金	
		固定負債	
固定資産		長期借入金	
有形固定資産		純資産の部	
工具器具備品	50	株主資本	
		資本金	300
繰延資産		利益剰余金	
創立費	30	繰越利益剰余金	-25
資産合計	275	負債・純資産合計	275

❺上下が一致する

❸左右が一致する

❹現金の動きを確認する

直接法CS

営業キャッシュフロー	
営業収入（＋）	
商品の仕入支出（－）	
人件費支出（－）	
その他の営業支出（－）	-25
小　計	-25
利息の支払額（－）	
法人税等の支払額（－）	
営業活動によるCF計	-25
投資キャッシュフロー	
固定資産取得（－）	-50
その他の投資支出（－）	-30
投資活動によるCF計	-80
財務キャッシュフロー	
短期借入収入（＋）	
短期借入返済（－）	
株式発行収入（＋）	300
財務活動によるCF計	300
現金＆同等物の増減額	195
現金＆同等物期首残高	0
現金＆同等物期末残高	195

❼一致する

間接法CS

営業キャッシュフロー	
税引前当期純利益	-25
減価償却費（＋）	
支払利息（＋）	
その他非資金損増加（＋）	
売上債権の増加（－）	
棚卸資産の増加（－）	
仕入債務の増加（＋）	
その他負債の増加（＋）	
小　計	-25
利息の支払額（－）	
法人税等の支払額（－）	
営業活動によるCF計	-25

投資CFと財務CFは
直接法CSと同じ

ています。

間接法CSの一番上には、PLの税引前当期純利益の「マイナス25」が相変わらず入っています。営業活動によるCFに動きはありませんから、直接法・間接法ともに営業活動によるCF計は「マイナス25」のままです。

3

会計のロジックは美しい

どうでしょう、ＰＬとＢＳとＣＳが「つながっている」ことが、ここまでのステップでおわかりいただけたでしょうか。

私は会計の勉強を進めるにつれて、「会計は美しい」と思うようになりました。技術の世界と同じで、ロジックがきれいに通っているからです。会計では、１＋１は必ず2になります。

確かに、会計を完全に理解しようと思えば、膨大な「決まりごと」を勉強しなければなりません。しかし、本書を読んでおられる多くの人は、財務諸表を作るのが仕事ではなく、財務諸表が読めればいい人だと思います。そうならば、財務諸表がどのように作られていくかという、基本的な会計の仕組みさえ知っていれば十分なのです。

人間はものごとの最終形を見ただけでは、そのものの本質はわかりません。例えば、洗濯機の調子が悪くなったとき、洗濯機の外側、つまり完成形を眺めているだけでは、調子が悪い原因はいつまでたってもわかるはずがありません。ところが、もし、みなさんが洗濯機の内部の構造を理解していて、どのように作られていくのかを知っていたとしたなら、どうでしょう。調子が悪い「症状」を見れば、原因箇所の見当がつくかもしれません。

会計もこれと同じです。財務3表をバラバラにただ丸暗記し、財務諸表が作られた後の完成形だけを見ても、会計の仕組みはわかりません。逆に、財務3表の基本的なロジックを正しく理解し、財務諸表がどのように作られていくのかの基本さえわかれば、会計の仕組みは理解できます。

会計の世界とは違い、私たちが生きている現実の人間社会は、1＋1が2にならないことばかりです。「何が正しいか」ということですら、人によって意見が違います。私がエンジニア出身のせいかもしれませんが、そんな人の世の難しさの中にいると、会計のロジックの美しさに癒やされる気分になるときがあります。

⑥販売する商品を現金150万円で仕入れる

会社を設立して事務用品やパソコンを購入し、ホームページも立ち上げました。受発注の管理システムも、ようやく自分でパソコンを使って作り上げることができました。これで、漆器を販売する準備はすべて整いました。

早速、販売する商品である漆塗りの「おわん」や「はし」を仕入れることにしました。製造元に問い合わせたところ、まだみなさんの会社には取引の実績がないので、「現金でなら商品を売ってもいい」と言われました。最低注文ロットは、「平均単価5000円の漆器が300個」とのこと。商品を仕入れるのに現金150万円が必要になる計算です。

設立されたばかりの「The Japan」としては仕方ありません。製造元に言われた通り、150万円分の漆器を現金で仕入れることにしました。

まず、PLの「売上原価」の中の「当期商品仕入高」に150万円が入ります。ここではその上下の「期首商品棚卸高」や「期末商品棚卸高」は無視しておいてください。後ほど詳しく説明します。まだ売上が立っていませんから、この時点での「売上総利益（粗利）」はマイナス150万円の赤字になってしまいます。

ここで、すでに簿記を勉強している方は、「売上があがっていないのに原価が計上されるのはおかしい」と思われたのではないかと思います。ただ、これは期の途中の段階です。期末になれば売上と原価は対比するようになってきます。ここでは少し違和感が

損益計算書（PL）

売上高	
売上原価	
期首商品棚卸高	
当期商品仕入高	150
期末商品棚卸高	
差引	
売上総利益（粗利）	-150
販管費	
給料手当	
外注費	20
荷造運賃発送費	
事務用品費	5
減価償却費	
営業利益	-175
営業外費用	
支払利息	
繰延資産償却費	
経常利益	-175
税引前当期純利益	-175
法人税等	
当期純利益	-175

❶PLに影響を与えるか

❷BSとつながっている

❻「税引前当期純利益」を書き写す

貸借対照表（BS）

（単位：万円）

資産の部		負債の部	
流動資産		流動負債	
現金及び預金	45	買掛金	
売掛金		短期借入金	
商品		未払法人税等	
		預り金	
		固定負債	
固定資産		長期借入金	
有形固定資産		純資産の部	
工具器具備品	50	株主資本	
		資本金	300
繰延資産		利益剰余金	
創立費	30	繰越利益剰余金	-175
資産合計	125	負債・純資産合計	125

❸左右が一致する

❺上下が一致する

❹現金の動きを確認する

直接法CS

営業キャッシュフロー	
営業収入(＋)	
商品の仕入支出(－)	-150
人件費支出(－)	
その他の営業支出(－)	-25
小　計	-175
利息の支払額(－)	
法人税等の支払額(－)	
営業活動によるCF計	-175
投資キャッシュフロー	
固定資産取得(－)	-50
その他の投資支出(－)	-30
投資活動によるCF計	-80
財務キャッシュフロー	
短期借入収入(＋)	
短期借入返済(－)	
株式発行収入(＋)	300
財務活動によるCF計	300
現金＆同等物の増減額	45
現金＆同等物期首残高	0
現金＆同等物期末残高	45

❼一致する

間接法CS

営業キャッシュフロー	
税引前当期純利益	-175
減価償却費(＋)	
支払利息(＋)	
その他非資金損増加(＋)	
売上債権の増加(－)	
棚卸資産の増加(－)	
仕入債務の増加(＋)	
その他負債の増加(＋)	
小　計	-175
利息の支払額(－)	
法人税等の支払額(－)	
営業活動によるCF計	-175

投資CFと財務CFは直接法CSと同じ

あるかもしれませんが、そのまま読み進めてください。

販管費に、外注費20万円と事務用品費5万円がすでに計上されていますので、営業利益以下の利益はすべて「マイナス175」となります。

当期純利益「マイナス175」が、BSの繰越利益剰余金の「マイナス175」へとつながりますから、BSの右側の合計は一気に150万円減って125万円になってしまいます。一方、BSの左側は、この仕入のために現金150万円を支払ったので、現金及び預金が195万円から45万円に減り、BSの左側の合計も125万円となります。ですから、BSの左右が一致します。

直接法CSでは、商品仕入はまさに営業活動にかかわるお金の動きですから、営業CFの「商品の仕入支出」にマイナスで150万円を計上します。CSの一番下まで計算すると、現金&同等物期末残高は45万円になり、BSの現金及び預金の45万円と一致していることが確認できます。

一方、間接法CSの一番上には、PLの税引前当期純利益の「マイナス175」が入ります。これは今回の仕入の支出を反映したものですから、間接法で作業はありません。

「マイナス175」をそのまま下に降ろすと、直接法CSの営業活動によるCF計の「マイナス175」と一致します。

さて、ここで疑問を持たれた方がいらっしゃいませんか。「商品を仕入れてまだ販売していないのだから、その商品は『在庫』になるのではないか」という疑問です。もし「在庫」と認識されるのなら、BSの資産の在庫に商品150万円を記載しなければなりません。しかし、ここで在庫150万円を記載すると、BSの左右が一致しなくなります。このことについては、134ページからの7-2のお題で詳しく説明します。

⑦商品が現金300万円で売れる

初めて取引が成立しました。「バンザイ！」。会社として初めてお客様からお金をいただいたのです。それも目論んでいた通りの海外のお客様です。サラリーマンをしていると、自分の働きがどれくらい売上や利益に貢献しているのかがわからなくなるときがあ

損益計算書（PL）

売上高	300
売上原価	
期首商品棚卸高	
当期商品仕入高	150
期末商品棚卸高	
差引	
売上総利益（粗利）	150
販管費	
給料手当	
外注費	20
荷造運賃発送費	
事務用品費	5
減価償却費	
営業利益	125
営業外費用	
支払利息	
繰延資産償却費	
経常利益	125
税引前当期純利益	125
法人税等	
当期純利益	125

❶PLに影響を与えるか

❷BSとつながっている

❻「税引前当期純利益」を書き写す

貸借対照表（BS）　（単位：万円）

資産の部		負債の部	
流動資産		**流動負債**	
現金及び預金	345	買掛金	
売掛金		短期借入金	
商品		未払法人税等	
		預り金	
		固定負債	
		長期借入金	
固定資産		**純資産の部**	
有形固定資産		**株主資本**	
工具器具備品	50	資本金	300
繰延資産		利益剰余金	
創立費	30	繰越利益剰余金	125
資産合計	425	**負債・純資産合計**	425

❸左右が一致する

❹現金の動きを確認する

❺上下が一致する

直接法CS

営業キャッシュフロー	
営業収入(+)	300
商品の仕入支出(−)	-150
人件費支出(−)	
その他の営業支出(−)	-25
小　計	125
利息の支払額(−)	
法人税等の支払額(−)	
営業活動によるCF計	125
投資キャッシュフロー	
固定資産取得(−)	-50
その他の投資支出(−)	-30
投資活動によるCF計	-80
財務キャッシュフロー	
短期借入収入(+)	
短期借入返済(−)	
株式発行収入(+)	300
財務活動によるCF計	300
現金&同等物の増減額	345
現金&同等物期首残高	0
現金&同等物期末残高	345

❼一致する

間接法CS

営業キャッシュフロー	
税引前当期純利益	125
減価償却費(+)	
支払利息(+)	
その他非資金損増加(+)	
売上債権の増加(−)	
棚卸資産の増加(−)	
仕入債務の増加(+)	
その他負債の増加(+)	
小　計	125
利息の支払額(−)	
法人税等の支払額(−)	
営業活動によるCF計	125

投資CFと財務CFは直接法CSと同じ

ります。しかし、この売上はまさしくみなさん自身の働きによるものです。さらにうれしいのは、お客様が喜んでいることが直接伝わってくることです。販売が順調に増えていけば、仕入先の製造元も喜んでくれるでしょう。日本の伝統技能の継承にも役立ちます。将来への希望と、自分が世の中の役に立っているという喜びがフツフツとわき上がってきます。

しかし、現実の商売に目を戻せば、いま、会社には45万円しか現金がありません。そこで、今回は掛売りではなく、現金販売をお願いしました。初めてのお客様は、商品の出荷と同時に代金を振り込むことを快く受け入れてくれたのでした。

ここからは前のページの財務3表の図を見ながら読み進めてください。ようやくPLの「売上高」に３００万円が入ります。仕入代金は１５０万円でしたから、１５０万円の粗利が出ました。ほかに外注費20万円と事務用品費5万円がすでに計上されていますので、営業利益以下の利益はすべて「１２５」になります。商品が売れて、初めて黒字になりました。

PLの当期純利益「１２５」が、BSの繰越利益剰余金の「１２５」へとつながっています。このことで、ＢＳの右側の繰越利益剰余金は、以前の「マイナス１７５」から「１２５」になり３００万円増えました。売上の３００万円分が増えるのですから、当然ですね。ＢＳの左側は、この売上で現金３００万円が入ってきたのですから、現金及び預金の45万円が３４５万円に増え、ＢＳの左右が一致します。

直接法ＣＳでは、営業ＣＦの「営業収入」として３００万円が入ってきます。ＣＳの一番下まで計算すると、現金＆同等物期末残高は３４５万円です。これは、ＢＳの現金及び預金の３４５万円と一致しています。

間接法ＣＳの一番上にはＰＬの税引前当期純利益の「１２５」が入ります。この「１２５」は今回の現金の動きを反映したものですから、「１２５」をそのまま下に降ろすと、直接法ＣＳの営業活動によるＣＦ計の「１２５」と一致します。

⑦-2 商品をまず在庫として計上する方法

どうですか。ここまでの段階で「財務3表一体理解法」の手法をご理解いただけましたか。ここで、125ページからの⑥のお題で疑問が出てきた（かもしれない）、「商品在庫」について説明します。

結論から言うと、在庫の認識に関しては、今回のケースのように仕入商品をPLの費用として計上する方法と、まずは商品在庫としてBSの資産に計上する方法の2つの方法があります。そうです。どちらも正解なのです。

この章で想定している会社は、商品を仕入れて販売するという簡単なモデルを設定しています。このような流通業関連の会社の会計では、伝票を処理するにあたり、まず仕入は仕入だけで伝票を積み上げ、売上は売上だけで伝票を積み上げていきます。そして、期末の決算期に実際の在庫を確認して、その期にどれだけの商品が売れたのかを計算するのです。また、この在庫を確認した時点で、会計上も商品を在庫として認識する形になります。このことについては後ほど186ページの「⑯『在庫100万円』を認識する」で詳しく説明します。

さて、もうひとつの会計処理です。通常製造業などでは、原材料を仕入れて社内で加工して製品を作りますが、会計上は製品ができた時点でそれを在庫として認識します。そして、その製品が商品として販売されたとき、在庫がなくなると同時に売上と売上原価が認識されるのです。

この会計の方法で、150万円の商品を仕入れて300万円で販売するという会計処理をやってみましょう。ここでは次のページの図表2-2を使って、PLとBSの変化に関係がある数字だけを説明します。PLとBSの数字は、118ページの「⑤創立費30万円を『資産』に計上する」からの続きだと考えてください。

図表2-2の上の図をご覧ください。このやり方だと、商品を仕入れたときに、商品は資産として認識されますからPLに変化はありません。

仕入れた商品は、BSの左側の「商品」のところに150万円が入ります。この仕入のために現金150万円を支払ったので、現金及び預金が195万円から45万円になり、

ＢＳの左側の合計は２７５万円のままで左右が一致します。

図表２－２の下の図をご覧ください。次に１５０万円で仕入れた商品を３００万円で販売した場合、ＰＬの売上高に３００万円が入ります。同時に売上原価として当期商品仕入高に１５０万円も入り、売上総利益は１５０万円になります。外注費20万円と事務用品費５万円がすでに計上されているので、当期純利益は「マイナス25」から「１２５」へと１５０万円増加します。

損益計算書（PL）

変化なし	
当期純利益	-25 → -25

利益　変化なし

損益計算書（PL）

売上高	0 → 300
当期商品仕入高	0 → 150
売上総利益	0 → 150
外注費	20
事務用品費	5
当期純利益	-25 → 125

利益150万円増加

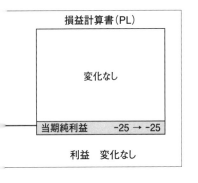

図表 2-2　**売上原価対立法の考え方**

商品を150万円で仕入れた

貸借対照表（BS）　（単位:万円）

資産の部		負債の部	
現金及び預金	195 → 45		
商品	0 → 150		
		純資産の部	
		繰越利益剰余金	
合計	275 → 275	合計	275 → 275

左側合計　変化なし　右側合計　変化なし

在庫商品が300万円で売れた

貸借対照表（BS）　（単位:万円）

資産の部		負債の部	
現金及び預金	45 → 345		
商品	150 → 0		
		純資産の部	
		繰越利益剰余金	-25 → 125
合計	275 → 425	合計	275 → 425

左側合計150万円増加　右側合計150万円増加

当期純利益「125」が、BSの繰越利益剰余金の「125」へとつながっています。このことでBSの右側の繰越利益剰余金は、以前の「マイナス25」から「125」になり150万円増えました。売上高の300万円から売上原価の150万円を引いた、差額の150万円分が増えたことになります。

BSの左側は、この売上高のために現金300万円が増えますが、逆に在庫商品の150万円がなくなりますので、差し引き150万円増えたことになります。こうしてBSの左右がそれぞれ150万円ずつ増加して一致します。

このような会計処理の方法を「売上原価対立法」と言います。「売上と原価は常に対応している」という会計の考え方を知っていた方は、この「売上原価対立法」の説明で納得していただけたのではないかと思います。

また、「財務3表一体理解法」では、「各取引が行われた瞬間に、仮に財務3表を作ったらどうなっているか」という手法で学習を進めていますので、この章の「⑥販売する商品を現金150万円で仕入れる」のところで見たように、売上が計上されていないのに原価だけが計上されるということが起こります。しかし、期末に決算の処理を行い、最終的に作られる財務3表では、売上と原価は対応します。このことについては、186ページの「⑯『在庫100万円』を認識する」のところで詳しく説明します。

しかし、「売上原価対立法」を説明したために、逆に「では、これら2つの方法はどんな使い分けをするのか」というような疑問が新たにわいてきた人もいるかもしれません。これについての答えを言えば、「どの業種が、どの会計手法を使わなければならない」というような会計上の決まりはありません。どのような会計処理をしても、最終的なPLの利益は変わりませんから、それぞれの会社が、自社の業種・業態に合った会計の処理を行っています。

⑧ビジネス拡大へ運転資金500万円を借りる

すぐに商品が販売できたおかげで、日本漆器の需要が海外にありそうだと確信できました。ただし、仕入先が今のところ現金商売しか認めてくれていないので、これではビジネスが大きく拡がっていきません。そこでみなさんは、商売拡大をめざして500万円の借金をすることにしました。

金融機関にお願いに行くと、「連帯保証人」がいなければ貸せないと言います。よく調べてみると「連帯保証」は非常に重い責任で、銀行からの支払い要求に対して抗弁権（「まず債務者本人に請求してほしい」と抗弁する権利）がありません。つまり、もしあなたが友達の借金の連帯保証をしていて、金融機関からあなたにその借金の支払い要求があれば、あなたは「まずは借金をしている本人に請求してくれ」と抗弁できず、あなた自身がその借金を支払わなければならないのです。つまり、連帯保証とは自分が借入をしたのとほぼ同等の責任を負うことになります。

だれにも迷惑をかけずに事業をやりたいと思っていましたが、致し方ありません。弟に事情を説明し、なんとか連帯保証人になってくれるように頼みました。

ところで、借入をするということは営業活動に関係することでしょうか。間接的には関係するとも言えますが、500万円の借入をしたからといって売上があがるわけではありません。ましてや、借入をして費用が出ていくはずがありません。借入金はPLには全く影響しないのです。ここからは次のページの財務3表の図を見ながら読み進めてください。PLの当期純利益は「125」のままです。

BSの左側は、この500万円の借入金が現金の形で入ってきますから、現金及び預金が500万円増えて845万円になります。では、BSの右側はどこが動くのでしょうか。「短期借入金」ですね。短期借入金として会社が500万円集めてきたことを意味し、これでBSの右と左が一致します。

営業活動に必要な運転資金の借入は短期借入金が一般的です。つまり、借りたお金で商品を仕入れて、その商品が売れて現金が入ってきたら、ひとまず借金は返します。そして、また足りなくなったら借りる。借りて返してを短期で繰り返していくわけです。

直接法ＣＳでは、借金は会社がお金を集めてくる財務活動ですから財務ＣＦが動きます。財務ＣＦの「短期借入収入」として５００万円が入ってきます。ＣＳの一番下まで計算すると現金＆同等物期末残高は８４５万円になり、ＢＳの現金及び預金の８４５万円と一致しています。

間接法ＣＳの一番上には税引前当期純利益の「１２５」が入ります。営業ＣＦに動きはありませんから、直接法ＣＳの営業活動によるＣＦ計の「１２５」と一致します。

損益計算書（PL）

売上高	300
売上原価	
期首商品棚卸高	
当期商品仕入高	150
期末商品棚卸高	
差引	
売上総利益（粗利）	150
販管費	
給料手当	
外注費	20
荷造運賃発送費	
事務用品費	5
減価償却費	
営業利益	125
営業外費用	
支払利息	
繰延資産償却費	
経常利益	125
税引前当期純利益	125
法人税等	
当期純利益	125

❶ＰＬに影響を与えるか

❷ＢＳとつながっている

❻「税引前当期純利益」を書き写す

貸借対照表（BS）

（単位：万円）

資産の部		負債の部	
流動資産		流動負債	
現金及び預金	845	買掛金	
売掛金		短期借入金	500
商品		未払法人税等	
		預り金	
		固定負債	
固定資産		長期借入金	
有形固定資産		純資産の部	
工具器具備品	50	株主資本	
		資本金	300
繰延資産		利益剰余金	
創立費	30	繰越利益剰余金	125
資産合計	925	負債・純資産合計	925

❸左右が一致する

❺上下が一致する

❹現金の動きを確認する

直接法CS

営業キャッシュフロー	
営業収入(＋)	300
商品の仕入支出(－)	-150
人件費支出(－)	
その他の営業支出(－)	-25
小　計	125
利息の支払額(－)	
法人税等の支払額(－)	
営業活動によるCF計	125
投資キャッシュフロー	
固定資産取得(－)	-50
その他の投資支出(－)	-30
投資活動によるCF計	-80
財務キャッシュフロー	
短期借入収入(＋)	500
短期借入返済(－)	
株式発行収入(＋)	300
財務活動によるCF計	800
現金＆同等物の増減額	845
現金＆同等物期首残高	0
現金＆同等物期末残高	845

❼一致する

間接法CS

営業キャッシュフロー	
税引前当期純利益	125
減価償却費(＋)	
支払利息(＋)	
その他非資金損増加(＋)	
売上債権の増加(－)	
棚卸資産の増加(－)	
仕入債務の増加(＋)	
その他負債の増加(＋)	
小　計	125
利息の支払額(－)	
法人税等の支払額(－)	
営業活動によるCF 計	125

投資CFと財務CFは
直接法CSと同じ

4 財務会計と管理会計

まだ私が新人エンジニアだったころ、先輩に「会計には財務会計と管理会計の2つがある」と言われてチンプンカンプンだったことがあります。

簡単に定義すれば、「財務会計」とは企業外部の関係者に対して企業の情報を提供するためのもので、「管理会計」は企業内部の経営者たちに経営管理のための情報を提供するためのものです。

財務会計については、会社法や金融商品取引法などの法令や規則によって、作成方法が細かく規定されています。それはそうでしょう。対外的に公表されるものですから、企業外部から信頼されるものでなくてはなりませんし、また他企業と比較ができるものでなければなりません。

一方、管理会計は、各会社の経営者のニーズに応じてさまざまな会計情報が作り出されます。その意味では、管理会計の書式は会社の数だけあるとさえ言えます。また、管理会計は、大きく2つに分類することができます。ひとつは将来のための「計画会計」で、もうひとつは実績を把握したり、管理したりするために使う「統制会計」です。

みなさんが会社で目にするお金に関する表は、大半が管理会計の表です。中期・長期の事業計画、各事業部や各支店の売上・利益の年度計画と実績管理表などは管理会計の諸表です。さらに、費用のうち原料費など売上の増減に比例して変化する費用を変動費とし、社員の人件費など売上が増減しても変化しない費用を固定費として、利益を管理したりします。また、この考え方をベースにして損益分岐点の分析を行ったりします。これらもすべて管理会計の範疇に入ります。

ほとんどのビジネスパーソンがベテランになって職位が上がっていくにつれ、管理会計だけでなく財務会計の知識が必要になってきます。若い人は将来に備えるために、中堅以上の人は会社で恥ずかしい思いをしないために、ぜひ財務会計の基本を身につけてください。

⑨ 商品750万円分を「買掛」で仕入れる

運転資金を借りたおかげで手元資金が潤沢になりました。勇んで製造元に連絡すると、何と「おたくとは商売の実績ができたし、あんた、何だか信頼できそうだ。これからは現金払いでなくてもいいよ」と言ってくれたのでした。借金をする前に電話をしておけばよかったと後悔しましたが、製造元が自分を信用してくれたことはうれしい限りです。

これからあなたの会社は製造元に対して、現金払いではなく「買掛」での商売がスタートするわけです。つまり、あなたの会社は製造元から750万円分の商品を受け取るのですが、その代金は後になってから支払えばよいという商売の形態が始まるのです。

「買掛」の取引を説明する前に読者のみなさんにお伝えしておきたいことがあります。それは、この第2章はこれからが本番ということです。これまでの取引は比較的簡単なものでした。それはすべて現金の動きを伴う取引でした。概念的には収支計算書の世界と大きな違いはありません。ここからついに現金の動きの伴わない取引が始まります。

複式簿記が難しく感じる理由のひとつは、収支計算書と違って現金の動きの伴わない取引を処理するからです。ここから売掛と買掛の取引が4題ほど続きますので、少し気合を入れて読み進めてください。とは言っても、考え方自体はそれほど難しいものではありません。同じような内容の、これからの4題を繰り返して勉強していけば、しだいに理解が深まっていくはずです。

では、「買掛」での取引の会計処理を行ってみましょう。ここからは次のページの財務3表の図を見ながら読み進めてください。

第1章で説明したように、PLはその期の正しい営業活動を反映する表ですから、取引はそれが行われたときにその都度記帳していきます。つまり、買掛で商品を仕入れる取引は、代金支払時点ではなく商品の仕入時点で記帳されます。この場合、仕入れたときにPLの売上原価の「当期商品仕入高」に750万円が新たに加わります。すでに現金で150万円仕入れているので、当期商品仕入高は900万円になり、営業利益以下の利益はすべて「マイナス625」になります。

当期純利益「マイナス625」が、BSの繰越利益剰余金の「マイナス625」へとつながっています。買掛ですからこの時点で現金の動きはありません。みなさんの会社は漆器を販売する小売業ですから、この時点ではＢＳの左側の商品のところに在庫を計上するわけではありません。つまり、この時点でＢＳの左側は何の動きもありません。ではＢＳはどこが変化するのでしょうか。ＢＳの右側の「買掛金」が動きます。ここに「７５０」が入って、ＢＳの左右が一致します。

買掛金は、どう理解すればよいでしょうか。今回の取引が買掛ではなく、現金取引を

損益計算書（PL）

売上高	300
売上原価	
期首商品棚卸高	
当期商品仕入高	900
期末商品棚卸高	
差引	
売上総利益（粗利）	-600
販管費	
給料手当	
外注費	20
荷造運賃発送費	
事務用品費	5
減価償却費	
営業利益	-625
営業外費用	
支払利息	
繰延資産償却費	
経常利益	-625
税引前当期純利益	-625
法人税等	
当期純利益	-625

❶ＰＬに影響を与えるか

❷ＢＳとつながっている

❻「税引前当期純利益」を書き写す

貸借対照表（BS）　（単位：万円）

資産の部		負債の部	
流動資産		流動負債	
現金及び預金	845	買掛金	750
売掛金		短期借入金	500
商品		未払法人税等	
		預り金	
		固定負債	
固定資産		長期借入金	
有形固定資産		純資産の部	
工具器具備品	50	株主資本	
		資本金	300
繰延資産		利益剰余金	
創立費	30	繰越利益剰余金	-625
資産合計	925	負債・純資産合計	925

❸左右が一致する

❹現金の動きを確認する

❺上下が一致する

直接法CS

営業キャッシュフロー	
営業収入（+）	300
商品の仕入支出（−）	-150
人件費支出（−）	
その他の営業支出（−）	-25
小　計	125
利息の支払額（−）	
法人税等の支払額（−）	
営業活動によるCF計	125
投資キャッシュフロー	
固定資産取得（−）	-50
その他の投資支出（−）	-30
投資活動によるCF計	-80
財務キャッシュフロー	
短期借入収入（+）	500
短期借入返済（−）	
株式発行収入（+）	300
財務活動によるCF計	800
現金＆同等物の増減額	845
現金＆同等物期首残高	0
現金＆同等物期末残高	845

❼一致する

間接法CS

営業キャッシュフロー	
税引前当期純利益	-625
減価償却費（+）	
支払利息（+）	
その他非資金損増加（+）	
売上債権の増加（−）	
棚卸資産の増加（−）	
仕入債務の増加（+）	750
その他負債の増加（+）	
小　計	125
利息の支払額（−）	
法人税等の支払額（−）	
営業活動によるCF計	125

投資CFと財務CFは直接法CSと同じ

要求されて、もしみなさんの会社に現金がなかったとしたら、みなさんの会社は銀行から750万円を借りてきて製造元に支払わなくてはなりません。買掛とは、製造元が商品の販売と同時に銀行業も行ってくれているようなものです。だからこそ、短期借入金と同じ流動負債に分類されているのです。

ここで「負債」という言葉を、正しく説明しておきましょう。負債とは、「他人から借りたお金」という説明をしてきましたが、負債の本来の意味は「将来、支払わなければならない義務を負っている」ということです。お金を支払っていないのに商品を仕入れてPLに750万円を計上したのですから、将来支払わなければならない義務を負った(負債)として、BSにも750万円分が認識されるわけです。

この取引によって、直接法CSは全く動きません。買掛は現金の動きはありませんから、現金の出入りを表すCSには全く変化がないのです。「商品の仕入支出」には、現金で仕入れたときの「マイナス150」が入ったままです。

さて、いよいよ間接法CSの出番です。一番上にはPLの税引前当期純利益の「マイナス625」が入りますが、この取引では現金は動いていません。ですから、営業活動によるCF計は、直接法CSと同じ「125」になっていなければなりません。

しかし、間接法CSの計算の起点となる税引前当期純利益は元々の「125」から「マイナス625」に750万円下がっています。この750万円下がった税引前当期純利益を起点にして、現金の動きがないことが表されていなければなりません。

なぜ、税引前当期純利益が750万円下がったのでしょうか。それは、現金の動きがない750万円の仕入を計上したからです。つまり、買掛金が750万円計上されれば、その分だけ足し戻しておかなければならないのです。

これが間接法CSの「仕入債務の増加」の「750」です。現金の動きがないのに税引前当期純利益を押し下げた分を足し戻したわけです。このことによって、間接法CSの営業活動によるCF計は「125」になり、直接法CSの営業活動によるCF計の「125」と一致します。

私のような会計の専門家ではない人間は、「こんなに複雑なんだから、せめてBSの『買掛金』と間接法CSの『仕入債務』という単語くらいそろえておいてくれればいいのに」と思ったりしますが、商売の現場では「将来、支払わなければならない義務」として、「買掛金」以外にも「支払手形」などがありますから、間接法CSでは「仕入債務」としてまとめられているのです。

私たち会計の専門家ではない人間は、BSの「買掛金」と間接法CSの「仕入債務の増加」の数字は、連動して動くと理解しておきましょう。現金の動きがないことを表すために、現金の動きのない費用項目を足し戻しているわけです。

⑩「売掛」で1500万円を販売

買掛で仕入れた商品をホームページにアップしたら、途端に前回現金で購入してくれた人がメールで「また売ってほしい」と連絡してきました。電話で話した限りですが、この人は信頼できそうですし、何よりこの人が経営する会社は歴史があって、規模もかなり大きいようです。海外に住むあなたの友人も、この会社の名前をよく知っていると言っていたので、今回から「売掛」で販売することにしました。

売掛の処理は買掛の処理とほぼ同じで、これも販売時点で記帳します。まず、PLの売上高に1500万円が新たに加わります。すでに現金で300万円を売り上げていますから、売上は合計で1800万円になります。粗利は900万円で、営業利益以下の利益はすべて「875」となります。

その当期純利益「875」が、BSの繰越利益剰余金の「875」へとつながっています。今回の販売は売掛ですから現金の動きはありません。では今回は、BSのどこが動くのでしょう。今度はBSの左側の「売掛金」に1500万円が入って、BSの左右が一致します。

この売掛金は、どう理解すればよいでしょうか。売掛金は買掛金とは逆で、「将来支払いを受ける権利」のことで「債権」と呼ばれるものです。代金を受け取ってないのに売上高としてPLに1500万円を計上した分を、将来支払いを受ける権利（債権）としてBS上に1500万円分認識するわけです。

損益計算書（PL）

売上高	1800
売上原価	
期首商品棚卸高	
当期商品仕入高	900
期末商品棚卸高	
差引	
売上総利益（粗利）	900
販管費	
給料手当	
外注費	20
荷造運賃発送費	
事務用品費	5
減価償却費	
営業利益	875
営業外費用	
支払利息	
繰延資産償却費	
経常利益	875
税引前当期純利益	875
法人税等	
当期純利益	875

❶PLに影響を与えるか

❷BSとつながっている

❻「税引前当期純利益」を書き写す

貸借対照表（BS）

（単位：万円）

資産の部		負債の部	
流動資産		**流動負債**	
現金及び預金	845	買掛金	750
売掛金	1500	短期借入金	500
商品		未払法人税等	
		預り金	
		固定負債	
固定資産		長期借入金	
有形固定資産		**純資産の部**	
工具器具備品	50	**株主資本**	
		資本金	300
繰延資産		利益剰余金	
創立費	30	繰越利益剰余金	875
資産合計	2425	**負債・純資産合計**	2425

❸左右が一致する

❹現金の動きを確認する

❺上下が一致する

直接法CS

営業キャッシュフロー	
営業収入(+)	300
商品の仕入支出(−)	-150
人件費支出(−)	
その他の営業支出(−)	-25
小　計	125
利息の支払額(−)	
法人税等の支払額(−)	
営業活動によるCF計	125
投資キャッシュフロー	
固定資産取得(−)	-50
その他の投資支出(−)	-30
投資活動によるCF計	-80
財務キャッシュフロー	
短期借入収入(+)	500
短期借入返済(−)	
株式発行収入(+)	300
財務活動によるCF計	800
現金＆同等物の増減額	845
現金＆同等物期首残高	0
現金＆同等物期末残高	845

❼一致する

間接法CS

営業キャッシュフロー	
税引前当期純利益	875
減価償却費(+)	
支払利息(+)	
その他非資金損増加(+)	
売上債権の増加(−)	-1500
棚卸資産の増加(−)	
仕入債務の増加(+)	750
その他負債の増加(+)	
小　計	125
利息の支払額(−)	
法人税等の支払額(−)	
営業活動によるCF計	125

投資CFと財務CFは直接法CSと同じ

この取引によって直接法CSは全く動きません。買掛金の場合と同じく、現金の動きはありません。「営業収入」には、以前に現金で販売したときの「300」が入ったままです。

間接法CSの一番上にはPLの税引前当期純利益の「875」が入りますが、買掛金のときと同様に、またもや現金の動きがない取引なのに税引前当期純利益の数字が変わりました。売掛金1500万円が計上されたことの影響です。現金が動いていないのに税引前当期純利益が増えたのですから、この増えた税引前当期純利益を起点にして現金の動きがないことを表そうとすれば、増えた1500万円分を差し引いておかなければなりません。項目としては「売上債権の増加」です。この項目に「マイナス1500万円」を入れて計算すれば、間接法CSの営業活動によるCF計は「125」になり、直接法CSの営業活動によるCF計の「125」と一致します。

今回も私たち会計の専門家ではない人間からすれば、「BSの『売掛金』と間接法CSの『売上債権』という言葉をそろえてくれればいいのに」と思ったりしますが、将来支払いを受ける権利としては、「売掛金」以外にも「受取手形」などがありますから、ここでは「売上債権」としてまとめられているのです。

私たち会計の専門家ではない人間は、ＢＳの「売掛金」と間接法ＣＳの「売上債権の増加」は、プラスとマイナスの差はあれど、数字としては連動して動くと理解しておきましょう。現金の動きがないのに利益を押し上げた分を引き戻しているわけです。

どうでしょう。これが第1章で説明した「間接法ＣＳの営業ＣＦの欄は、ＰＬの税引前当期純利益を起点にして、現金の動きがないのに利益を増減させた要因を足し引き計算して、実際の現金の動きを計算するところ」という意味です。買掛金と売掛金の処理で、間接法ＣＳの構造と、間接法ＣＳで現金の動きを計算する方法がご理解いただけたのではないでしょうか。

⑪買掛金750万円を支払う（「勘定合って銭足らず」に）

買掛で仕入れた750万円の買掛金の支払期日が来ました。取引している製造元の製品は高品質で、お客様から高い評価を得ているため、みなさんはこの製造元と良好な信頼関係を構築したいと思っています。ですから、支払期日は何がなんでも守らなければなりません。信頼を築くうえでまず大切なことは約束を守ることです。

さて、買掛金の支払処理でPLは動くでしょうか。会計の専門家ではない人は、PLをあたかも現金の出入りを表す収支計算書のようなイメージで見てしまうのですが、PLは現金の動きをあらわす表ではありません。その期の正しい営業活動をあらわす表なのです。

ここからは次のページの財務3表の図を見ながら読み進めてください。買掛で買った商品はすでに「当期商品仕入高」に計上されていますから、買掛金の支払いはPLには何ら影響しません。したがって、当期純利益「875」が、そのままBSの繰越利益剰余金へつながります。

一方、この時点で仕入代金750万円を現金で支払うのですから、BSは動きます。左側の現金及び預金が750万円減って95万円になります。BSの左側が750万円減ったのですから、右側も同じ金額が減らないとバランスしません。買掛金として計上されていた750万円がなくなるのです。これでBSの左右が一致します。

今回750万円を支払ったのだから、この買掛金のところに「マイナス750」が入るのではないかと考える人がいるかもしれませんが、前述したように基本的にBSにマイナスは出てきません。将来支払う義務であった買掛金の「750」が、今回の買掛金の支払いによって支払義務を果たし終え、「買掛金」が「0」になるのです。

直接法CSは、ここで営業CFの「商品の仕入支出」として750万円が出ていきます。以前に現金で仕入れた150万円と合わせて、この期が始まってから現時点までに900万円が商品の仕入支出として出ていったことになります。直接法CSを一番下まで計算していくと「95」となり、BSの現金及び預金と一致します。

間接法CSはこれまでの2題とは少し様子が違います。今回はPLの税引前当期純利益に変化はありません。「８７５」のままです。しかし、今回７５０万円の現金が出ていったことは間違いありません。どう表現しておけばよいのでしょうか。

今回の取引で変化があったのは買掛金です。ＢＳの買掛金が増えれば、間接法ＣＳの「仕入債務の増加」の数字がその分だけ増えていました。買掛金が減れば、それと同じ額だけ「仕入債務の増加」の数字が減るのです。

もっと言えば、ＢＳの買掛金と間接法ＣＳの「仕入債務の増加」の数字は連動して動

損益計算書（PL）

❶PLに影響を与えるか

❷BSとつながっている

売上高	1800
売上原価	
期首商品棚卸高	
当期商品仕入高	900
期末商品棚卸高	
差引	
売上総利益（粗利）	900
販管費	
給料手当	
外注費	20
荷造運賃発送費	
事務用品費	5
減価償却費	
営業利益	875
営業外費用	
支払利息	
繰延資産償却費	
経常利益	875
税引前当期純利益	875
法人税等	
当期純利益	875

❻「税引前当期純利益」を書き写す

貸借対照表（BS）

（単位：万円）

資産の部		負債の部	
流動資産		流動負債	
現金及び預金	95	買掛金	0
売掛金	1500	短期借入金	500
商品		未払法人税等	
		預り金	
		固定負債	
		長期借入金	
固定資産		純資産の部	
有形固定資産		株主資本	
工具器具備品	50	資本金	300
		利益剰余金	
繰延資産		繰越利益剰余金	875
創立費	30		
資産合計	1675	負債・純資産合計	1675

❸左右が一致する

❺上下が一致する

❹現金の動きを確認する

直接法 CS

営業キャッシュフロー	
営業収入(＋)	300
商品の仕入支出(−)	-900
人件費支出(−)	
その他の営業支出(−)	-25
小　計	-625
利息の支払額(−)	
法人税等の支払額(−)	
営業活動によるCF計	-625
投資キャッシュフロー	
固定資産取得(−)	-50
その他の投資支出(−)	-30
投資活動によるCF計	-80
財務キャッシュフロー	
短期借入収入(＋)	500
短期借入返済(−)	
株式発行収入(＋)	300
財務活動によるCF計	800
現金＆同等物の増減額	95
現金＆同等物期首残高	0
現金＆同等物期末残高	95

❼一致する

間接法 CS

営業キャッシュフロー	
税引前当期純利益	875
減価償却費(＋)	
支払利息(＋)	
その他非資金損増加(＋)	
売上債権の増加(−)	-1500
棚卸資産の増加(−)	
仕入債務の増加(＋)	0
その他負債の増加(＋)	
小　計	-625
利息の支払額(−)	
法人税等の支払額(−)	
営業活動によるCF 計	-625

投資CFと財務CFは
直接法CSと同じ

くのです。つまり、買掛金が「750」から「0」になれば、「仕入債務の増加」の数字も「750」から「0」になります。このことによって、間接法CSでは現金750万円が出ていったことが自動的に表されることになるのです。

この結果、間接法CSの営業活動によるCF計は「マイナス625」となり、直接法の営業活動によるCF計と一致します。

さて、ここでPLの当期純利益と、BSの現金及び預金をご覧ください。何と利益は875万円も計上されているのに、会社には現金は95万円しかありません。もし仮に、ここで期末を迎えたら、税引前当期純利益が875万円ありますから、おそらく300万円くらいが税金として徴収されます。しかし、みなさんの会社には現金は95万円しかありません。さあ、みなさんは社長としてどうしますか。

現実に社長として事業を行っている人ならだれでも知っています。税金を払うお金がなければ、税金を払うために借金をするのです。これこそが、「勘定合って銭足らず」の状態です。利益はちゃんと出しているのに、税金を払う金もないというような状況が、現実には普通に起こっているのです。

私の顧問先の社長さんは以前、「國貞さん、うちの会社は今期5千万円の利益が出たけど、その5千万円というのはどこにあるんですか」というような質問をしていました。

PLの利益が5千万円あるということは、現金が5千万円あるということではありません。PLの利益が現金の額を表していないのには大きく2つの理由があります。ひとつ目の理由は、これまで勉強してきたように、PLはその期の正しい営業活動を説明するために、売掛や買掛の商売のように、現金の動きのない売上高や仕入高が計上されるからです。

2つ目の理由は、PLには会社がお金を集めてくる借入金や資本金といった現金の動きは一切表れないからです。さらには、パソコン購入などの投資のためのお金の動きもPLには一切表れません。このような理由から、PLの利益は、現金とは一切関係のない数字になっているのです。

⑫売掛金1500万円のうち1000万円を回収する

いやあ、危ないところでした。あのまま期末を迎えていたら、税金を払うためにまたもや借金をしなければなりませんでした。これは、決して特殊なケースではありません。むしろ、商品の販売代金が入ってくるより先に仕入の支払いをするのが普通ですから、大抵の会社が「勘定合って銭足らず」の状況に陥りがちなのです。だからこそ、「キャッシュフロー・マネジメント」、つまり現金を常に注視する経営姿勢が大切になるのです。

幸い、みなさんの会社は、この時点で売掛金の1500万円のうち1000万円を回収できることになりました。資金繰りを考えるとホッと一安心です。

ここからは次のページの財務3表の図を見ながら読み進めてください。この売掛金の回収でPLは動くでしょうか。買掛金の場合と全く同じで、売掛で販売された売上高はすでに計上されていますから、売掛金が回収できたからといってPLには何ら影響がありません。したがって、当期純利益は「875」のままで、それがBSの繰越利益剰余金の「875」へとつながっていきます。

売掛金1000万円がこの時点で会社に振り込まれますから、BSの左側の現金及び預金が1000万円増えて「1095」となります。その代わり、これまで1500万円が計上されていた売掛金が「500」に減ります。要するに、売掛金として計上されていた1500万円のうちの1000万円分が、現金及び預金の項目に移ったということですね。BSの右側に動きはなく、BSの左右が一致します。

直接法CSは、ここで営業CFの「営業収入」として1000万円が入ってきます。以前に現金で売り上げた300万円と合わせて、期が始まってから現時点までに1300万円の営業収入があったことになります。直接法CSの一番下まで計算すると、「1095」となってBSの現金及び預金と一致することがわかります。

間接法CSの一番上には、PLの税引前当期純利益の「875」が入ります。税引前当期純利益は動きませんが、この取引では現金が1000万円増えています。これも、本章の「⑪買掛金750万円を支払う」の場合と同じように考えてください。

今回変化があったのは売掛金です。BSの売掛金が増えれば、その分だけ間接法CS

の「売上債権の増加」の数字はマイナスになっていました。BSの売掛金が減れば、その分だけ間接法CSの「売上債権の増加」の数字が増えるのです。

もっと言えば、BSの売掛金という数字と、間接法CSの「売上債権の増加」の数字は、プラス・マイナスの違いはあれど、数字としては連動して動くのです。つまり、BSの売掛金が「1500」から「500」になれば、間接法CSの「売上債権の増加」の数字は「マイナス1500」から「マイナス500」になるのです。

損益計算書（PL）

売上高	1800
売上原価	
期首商品棚卸高	
当期商品仕入高	900
期末商品棚卸高	
差引	
売上総利益（粗利）	900
販管費	
給料手当	
外注費	20
荷造運賃発送費	
事務用品費	5
減価償却費	
営業利益	875
営業外費用	
支払利息	
繰延資産償却費	
経常利益	875
税引前当期純利益	875
法人税等	
当期純利益	875

❶PLに影響を与えるか

❷BSとつながっている

❻「税引前当期純利益」を書き写す

貸借対照表（BS）

（単位：万円）

資産の部		負債の部	
流動資産		流動負債	
現金及び預金	1095	買掛金	
売掛金	500	短期借入金	500
商品		未払法人税等	
		預り金	
		固定負債	
固定資産		長期借入金	
有形固定資産		純資産の部	
工具器具備品	50	株主資本	
		資本金	300
繰延資産		利益剰余金	
創立費	30	繰越利益剰余金	875
資産合計	1675	負債・純資産合計	1675

❸左右が一致する

❹現金の動きを確認する

❺上下が一致する

直接法CS

営業キャッシュフロー	
営業収入（＋）	1300
商品の仕入支出（－）	-900
人件費支出（－）	
その他の営業支出（－）	-25
小　計	375
利息の支払額（－）	
法人税等の支払額（－）	
営業活動によるCF計	375
投資キャッシュフロー	
固定資産取得（－）	-50
その他の投資支出（－）	-30
投資活動によるCF計	-80
財務キャッシュフロー	
短期借入収入（＋）	500
短期借入返済（－）	
株式発行収入（＋）	300
財務活動によるCF計	800
現金＆同等物の増減額	1095
現金＆同等物期首残高	0
現金＆同等物期末残高	1095

❼一致する

間接法CS

営業キャッシュフロー	
税引前当期純利益	875
減価償却費（＋）	
支払利息（＋）	
その他非資金損増加（＋）	
売上債権の増加（－）	-500
棚卸資産の増加（－）	
仕入債務の増加（＋）	
その他負債の増加（＋）	
小　計	375
利息の支払額（－）	
法人税等の支払額（－）	
営業活動によるCF計	375

投資CFと財務CFは
直接法CSと同じ

これで間接法ＣＳの営業活動によるＣＦ計は「３７５」となり、直接法の営業活動によるＣＦ計と一致します。

間接法ＣＳの営業ＣＦの欄で、売上債権が増加したら「－」、仕入債務が増加したら「＋」というように、機械的に覚えている人が多いですが、このように数字を当てはめてみると、足し算引き算の意味がよくわかると思います。

5

「人間」は財務諸表に出てこない

複式簿記は、15世紀にベニスの商人たちがつけた帳簿から始まったと言われています。論理より感性というイメージの国、イタリアが発祥の地というのは不思議な感じがしますが、ゲーテをして「これこそ人間精神のもっとも立派な発明のひとつだ」と言わしめたほどですから、財務諸表の仕組みを知れば知るほど、論理の一貫性とその精緻さに驚かされます。

しかし、それほど完成度の高い財務3表にも表れないものがあります。それは、「人間」と「知恵」の価値にほかなりません。

人間の価値に関して財務諸表に表れるのは、給料や退職金の金額だけです。人間の価値は給料の金額だけで決まるものではありません。日本の会社の場合、社員同士の給料が何十倍も差がつくことはありませんが、能力があってやる気もある人が、そうでない人の何十倍ものアウトプットを出すことは珍しいことではありません。しかし、そんな人間の能力や情熱に関する価値は、財務諸表のどこにも出てきません。

また、特許権などの知的財産、いわゆる知恵の価値も企業にとっては大切ですが、財務諸表には、ＢＳの「無形固定資産」の項目に特許の取得費用が計上されるだけです。有力特許が高額で売買された場合は別ですが、社内の研究員が開発した特許などは、基本的に本当の価値が財務諸表に正しく反映されているとは言えません。

さらに言えば、会社というものには、製造ノウハウや営業ノウハウなど、過去の先輩たちが営々と築き上げてくれたノウハウや知恵や信頼といったものがたくさん詰まっています。しかし、これまた同様に、財務諸表上には全く表れてきません。

将来の成長力を診断するうえで欠かせない判断材料である社員の価値や知的財産の価値は、財務諸表の数字に表れないことをよく理解しておいてください。

⑬給料50万円を支払う（うち源泉所得税2万円は会社が一時預かる）

利益が出て売掛金も一部回収でき、キャッシュフローが安心できる状態になったので、給料として50万円を支給することにしました。

給料は営業活動を行ううえでの経費ですから、PLの販管費の中の「給料手当」の項目に50万円を計上します。この結果、営業利益以下の利益は「825」になります。この「825」は、BSの繰越利益剰余金の「825」へとつながっています。

さて、このとき、給料の額面は50万円ですが、実際に従業員に支払われる現金は、源泉所得税2万円を差し引いた48万円だとします。

給料をもらえばだれもが所得税を納付しなければなりません。ただ、会社勤めをしているビジネスパーソンのみなさんで、所得税を自分で税務署に支払いに行っている人はいないと思います。日本の徴税システムでは、個人の所得税はその人が所属する会社が、給料支払い時に給料から源泉徴収して、全従業員の所得税をまとめて税務署に納付してくれているのです。

源泉所得税の2万円は会社から税務署に支払われますが、従業員10人未満の事業所では所得税の支払いは通常半年分がまとめて支払われます。この場合、従業員の源泉所得税の2万円は会社が一時預かっておいて、後でまとめて税務署に支払われることになります。

とすると、この場合のBSの左側の現金及び預金は48万円しか減らず、「1047」

損益計算書（PL）

❶PLに影響を与えるか

売上高	1800
売上原価	
期首商品棚卸高	
当期商品仕入高	900
期末商品棚卸高	
差引	
売上総利益（粗利）	900
販管費	
給料手当	50
外注費	20
荷造運賃発送費	
事務用品費	5
減価償却費	
営業利益	825
営業外費用	
支払利息	
繰延資産償却費	
経常利益	825
税引前当期純利益	825
法人税等	
当期純利益	825

❷BSとつながっている

❻「税引前当期純利益」を書き写す

貸借対照表（BS）　（単位：万円）

資産の部		負債の部	
流動資産		**流動負債**	
現金及び預金	1047	買掛金	
売掛金	500	短期借入金	500
商品		未払法人税等	
		預り金	2
		固定負債	
		長期借入金	
固定資産		**純資産の部**	
有形固定資産		**株主資本**	
工具器具備品	50	資本金	300
繰延資産		利益剰余金	
創立費	30	繰越利益剰余金	825
資産合計	1627	**負債・純資産合計**	1627

❸左右が一致する

❹現金の動きを確認する

❺上下が一致する

直接法 CS

営業キャッシュフロー	
営業収入(＋)	1300
商品の仕入支出(−)	-900
人件費支出(−)	-48
その他の営業支出(−)	-25
小　計	327
利息の支払額(−)	
法人税等の支払額(−)	
営業活動によるCF計	327
投資キャッシュフロー	
固定資産取得(−)	-50
その他の投資支出(−)	-30
投資活動によるCF計	-80
財務キャッシュフロー	
短期借入収入(＋)	500
短期借入返済(−)	
株式発行収入(＋)	300
財務活動によるCF計	800
現金＆同等物の増減額	1047
現金＆同等物期首残高	0
現金＆同等物期末残高	1047

❼一致する

間接法 CS

営業キャッシュフロー	
税引前当期純利益	825
減価償却費(＋)	
支払利息(＋)	
その他非資金損増加(＋)	
売上債権の増加(−)	-500
棚卸資産の増加(−)	
仕入債務の増加(＋)	
その他負債の増加(＋)	2
小　計	327
利息の支払額(−)	
法人税等の支払額(−)	
営業活動によるCF計	327

投資CFと財務CFは直接法CSと同じ

になります。しかし、ＢＳの右側は、ＰＬに給料手当50万円が全額計上されて、ＰＬの利益が50万円押し下げられたことで50万円減ってしまいます。

この差２万円分がバランスしないことになりますが、会計ではこの源泉所得税の２万円は、「将来、支払わなければならない義務」、つまり２万円の負債として認識されます。具体的には、「流動負債」の中の「預かり金」という項目に「２」が計上され、これでＢＳの左右が一致することになります。

直接法ＣＳは、営業ＣＦの「人件費支出」として48万円が出ていきます。直接法ＣＳの一番下まで計算すると「１０４７」で、ＢＳの現金及び預金と一致します。

間接法ＣＳの一番上には、ＰＬの税引前当期純利益の「８２５」が入ります。これは給料手当の総額50万円が反映された数字ですが、実際の現金支出は48万円だけです。この差は、まだ会社が支払っていない源泉所得税の２万円、つまり預かり金の影響です。

現金の動きがないのに税引前当期純利益を２万円押し下げているわけですから、現金の動きを求めようと思えば、この源泉所得税の２万円、つまり預かり金の２万円は足し戻しておく必要があります。

前述したように預かり金は負債なので、「その他負債の増加」として2万円を足し戻します。負債が増加すると「＋」で数字が入ります。これは、BSの買掛金、つまりCSの仕入れ債務が増加したときと同じです。PLに現金の動きのない費用項目が計上されれば、現金の動きがないのに利益がその分押し下げられますから、現金の動きを求めるにはそれを足し戻しておかなければならないのです。

⑭ 商品の発送費用100万円を一括支払い

商品はほとんどが海外へ発送されますが、通関の手続きも含めて発送作業はすべて運送会社に委託しています。いま、現時点までの発送費用100万円の支払い請求がきました。みなさんは、現金で支払うことにします。ここまで段階的にやってきた作業が理

損益計算書（PL）

❶ＰＬに影響を与えるか

❷ＢＳとつながっている

売上高	1800
売上原価	
期首商品棚卸高	
当期商品仕入高	900
期末商品棚卸高	
差引	
売上総利益（粗利）	900
販管費	
給料手当	50
外注費	20
荷造運賃発送費	100
事務用品費	5
減価償却費	
営業利益	725
営業外費用	
支払利息	
繰延資産償却費	
経常利益	725
税引前当期純利益	725
法人税等	
当期純利益	725

❻「税引前当期純利益」を書き写す

貸借対照表（BS）　（単位：万円）

資産の部		負債の部	
流動資産		**流動負債**	
現金及び預金	947	買掛金	
売掛金	500	短期借入金	500
商品		未払法人税等	
		預り金	2
		固定負債	
固定資産		長期借入金	
有形固定資産		**純資産の部**	
工具器具備品	50	**株主資本**	
		資本金	300
繰延資産		利益剰余金	
創立費	30	**繰越利益剰余金**	725
資産合計	1527	**負債・純資産合計**	1527

❸左右が一致する

❺上下が一致する

❹現金の動きを確認する

直接法CS

営業キャッシュフロー	
営業収入（＋）	1300
商品の仕入支出（－）	-900
人件費支出（－）	-48
その他の営業支出（－）	-125
小　計	227
利息の支払額（－）	
法人税等の支払額（－）	
営業活動によるCF計	227
投資キャッシュフロー	
固定資産取得（－）	-50
その他の投資支出（－）	-30
投資活動によるCF計	-80
財務キャッシュフロー	
短期借入収入（＋）	500
短期借入返済（－）	
株式発行収入（＋）	300
財務活動によるCF計	800
現金＆同等物の増減額	947
現金＆同等物期首残高	0
現金＆同等物期末残高	947

❼一致する

間接法CS

営業キャッシュフロー	
税引前当期純利益	725
減価償却費（＋）	
支払利息（＋）	
その他非資金損増加（＋）	
売上債権の増加（－）	-500
棚卸資産の増加（－）	
仕入債務の増加（＋）	
その他負債の増加（＋）	2
小　計	227
利息の支払額（－）	
法人税等の支払額（－）	
営業活動によるCF計	227

投資CFと財務CFは直接法CSと同じ

解できていれば、今回は何も特別なことはありませんから、この処理は簡単なはずです。

発送費用は営業活動を行ううえでの経費ですから、PLの販管費の中の「荷造運賃発送費」に100万円を費用として計上します。この結果、営業利益以下の利益は「725」となり、それがBSの繰越利益剰余金の「725」へとつながっています。その結果、BSの右側が100万円減りますが、現金支払いなのでBSの左側の現金及び預金が100万円減って左右がバランスします。

直接法CSでは、営業CFの「その他の営業支出」として100万円が出ていきます。すでに事務用品費の5万円と外注費の20万円が出ていっているので、「その他の営業支出」として合計125万円が出ていったことになります。直接法CSの一番下まで計算すると「947」となり、BSの現金及び預金と一致します。

間接法CSの一番上には、例によってPLの税引前当期純利益の「725」が入ります。これは荷造運賃発送費の現金の動きがすでに反映された数字ですので、営業CFの欄は何も動かす必要はありません。したがって、直接法CSの営業活動によるCF計の数字と一致します。

⑮短期借入金500万円を返済し、利息50万円を支払う

さて、ビジネスが軌道に乗るにつれ、運転資金として銀行から借りていた500万円が気になってきました。商品がよく売れるので手元にある現金は1000万円近くになっています。借金は余裕のあるうちに早く返した方がよいと思ったみなさんは、短期借入金500万円の返済を決断しました。

借入金の「元金の返済」と「利息の支払い」の処理は、どのように考えればいいでしょう。借入をしたときにはPLは動きませんでした。借入をしても売上があがるというものではないから、というのが理由でしたね。これと同じように、借入金の元金が返済されてもPLには何ら影響がありません。借入金の元金返済分はPLに費用として計上されないのです。今一度、巻末の折込の図表1－2をご確認ください。「お金を集める」活動はPLと矢印でつながっていません。借入金の元金部分は、それを借入実行するときも、それを返済するときも、PLには関係ないところで動くのです。

それでは、利息はどうでしょうか。借入金があれば毎期、利息を銀行に支払わなければなりません。利息は、借入することによって毎期発生する費用だと言えます。借入金は売上をあげるものではありませんが、事業を継続するには必要なものです。したがって、借入金に対する利息は何らかの形で費用として計上しなければならない、というのが会計の考え方です。

利息の支払いは、営業外の費用として計上されます。直接営業活動に係る費用ではな

損益計算書（PL）

❶PLに影響を与えるか

❷BSとつながっている

売上高	1800
売上原価	
期首商品棚卸高	
当期商品仕入高	900
期末商品棚卸高	
差引	
売上総利益（粗利）	900
販管費	
給料手当	50
外注費	20
荷造運賃発送費	100
事務用品費	5
減価償却費	
営業利益	725
営業外費用	
支払利息	50
繰延資産償却費	
経常利益	675
税引前当期純利益	675
法人税等	
当期純利益	675

❻「税引前当期純利益」を書き写す

貸借対照表（BS）

（単位：万円）

資産の部		負債の部	
流動資産		**流動負債**	
現金及び預金	397	買掛金	
売掛金	500	短期借入金	0
商品		未払法人税等	
		預り金	2
		固定負債	
		長期借入金	
固定資産		**純資産の部**	
有形固定資産		**株主資本**	
工具器具備品	50	資本金	300
繰延資産		利益剰余金	
創立費	30	**繰越利益剰余金**	675
資産合計	977	**負債・純資産合計**	977

❸左右が一致する

❹現金の動きを確認する

❺上下が一致する

直接法CS

営業キャッシュフロー	
営業収入(+)	1300
商品の仕入支出(−)	-900
人件費支出(−)	-48
その他の営業支出(−)	-125
小　計	227
利息の支払額(−)	-50
法人税等の支払額(−)	
営業活動によるCF計	177
投資キャッシュフロー	
固定資産取得(−)	-50
その他の投資支出(−)	-30
投資活動によるCF計	-80
財務キャッシュフロー	
短期借入収入(+)	500
短期借入返済(−)	-500
株式発行収入(+)	300
財務活動によるCF計	300
現金＆同等物の増減額	397
現金＆同等物期首残高	0
現金＆同等物期末残高	397

間接法CS

営業キャッシュフロー	
税引前当期純利益	675
減価償却費(+)	
支払利息(+)	50
その他非資金損増加(+)	
売上債権の増加(−)	-500
棚卸資産の増加(−)	
仕入債務の増加(+)	
その他負債の増加(+)	2
小　計	227
利息の支払額(−)	-50
法人税等の支払額(−)	
営業活動によるCF計	177

投資CFと財務CFは直接法CSと同じ

❼一致する

いからです。ＰＬの営業外費用の中の「支払利息」に50万円が計上されます。これによって、経常利益以下の利益は「６７５」に減り、当期純利益「６７５」が、ＢＳの繰越利益剰余金の「６７５」へとつながっていきます。

ＢＳの左側の現金及び預金は、元金の５００万円と利息の50万円を同時に支払いますから、５５０万円減って３９７万円になります。ＢＳの右側は、ＰＬに支払利息50万円が計上されたため、２つの表の「つながり」によって同様に50万円減ります。それと同時に、「短期借入金」の５００万円がなくなるので、ＢＳの左右が一致します。

直接法ＣＳでは、営業ＣＦの中の「小計」の下に「利息の支払額」の項目があり、そこに「マイナス50」が入り、元金の返済は財務ＣＦの「短期借入返済」に「マイナス５００」が入ります。直接法ＣＳの一番下まで計算すると「３９７」となり、ＢＳの現金及び預金と一致します。

間接法ＣＳの一番上には、ＰＬの税引前当期純利益の「６７５」が入ります。これは支払利息の50万円が反映された数字ですから、間接法ＣＳの営業ＣＦの欄では何もする必要がないはずです。

ところが、ＣＳの営業ＣＦの欄には、その会社の純粋な営業活動による現金の増減を表すために「小計」があります。利息は純粋な営業活動に入るものではありませんから、ＰＬで影響した支払利息の「50」を足し戻して、利息の影響のない純粋な営業活動による現金の増減をまず「小計」で表します。そして、「小計」の下で改めて「利息の支払額」である「マイナス50」を計上しているのです。[*8]

＊8　実際の財務3表を見ると、ＰＬの「支払利息」とＣＳの「小計」の下の「利息の支払額」の数字が微妙に違っている場合があります。これはＰＬの支払利息が当該期間中に支払うべき理論額を記載しているのに対し、ＣＳの利息の支払額が実際に支払った額を記載しているためです。

例えば、その期に発生する利息は金融機関との約定で決まっています。それがＰＬに計上される「支払利息」です。しかし、現実には支払うべき利息の一部が、その期中に支払われないことがあります。当然ながら、ＣＳにはその期に支払われていない利息は記載されません。このように、支払いのタイミングのずれによって数字が微妙に違ってしまうのです。

ただし、ＰＬの「支払利息」とＣＳの「小計」の上の「支払利息」の数字は常に一致します。これはＰＬに計上された「支払利息」を、ＣＳの「小計」の上で相殺しているだけだからです。

6

借金を返済するとPLのどこに表れるか

ここまでくれば、「利益」と「現金」は別物であるということがご理解いただけたと思います。

買掛や売掛ではとりあえず現金は動きませんし、計上と支払いのタイミングもずれているなど、PLやBSの数字は必ずしも現金の動きを表しているものではありません。しかし、頭ではそうわかっていても、人間はどうしても通貨単位の数字が入っている表を見ると、その中の数字を現金の動きと勘違いしてしまいます。

私もかつて、BSの繰越利益剰余金がマイナスになっているということの意味が全然理解できませんでした。「会社が赤字を出して利益剰余金がマイナスになっているということはお金が足りなくなっていることを意味する。したがって、資本家に新たな資本金を入れてもらうか、だれかから借入をしないと変だ。一時的に利益剰余金がマイナスにはなることはあるかもしれないが、それはすぐに資本金か借入金で補われるはずで、利益剰余金が長くマイナスのままというのはおかしい」などと、いま思えば全くトンチンカンなことを考えていました。そんな人間が今では会計の本を書くようになっているのですから、どうかみなさんもくじけないで勉強を続けてください。

私は会計の研修をするときに、冒頭いつもこう問いかけます。

「みなさん、借入金の元金を返済すると、ＰＬのどこに表れますか？」

受講される方は会計の初心者の方が多いので、この質問に正しく答えられる人はほとんどいません。ただ、本書をここまで勉強してこられた方は、これがいかにナンセンスな質問であるかがおわかりいただけたと思います。

同様に、「今期は膨大な額の借入金の返済があるので、赤字になるかもしれない」などと言う人がいれば、それは「私には会計の知識がありません」と言っているようなものですね。

⑯「在庫100万円」を認識する

本章の「⑮短期借入金500万円を返済し、利息50万円を支払う」までで、通常の主要な取引に関する説明は終わりです。ここからは、期末の決算整理の段階に入ります。最終的な期末の財務諸表を作っていく段階です。

今まで「150万円分の商品を現金で仕入れて300万円で販売した」とか、「750万円分を買掛で仕入れて1500万円を売り上げた」と言ってきましたが、134〜139ページで説明した売上原価対立法のところ以外では、150万円の商品すべてを300万円で販売したとか、750万円の商品すべてを1500万円で販売したとは言っていません。

これまでの合計で1800万円の売上があったわけですが、在庫置き場の棚に商品が100万円分残っていたとします。すると、1800万円の売上をあげるために使った商品の原価はいくらになるでしょうか。仕入高は合計で900万円ですが、商品が10

0万円分棚に残っているのですから、今期の正しい売上原価は仕入高の900万円ではありませんね。

流通業などでは仕入は仕入として伝票を積み上げ、売上は売上として伝票を積み上げていきます。そして決算整理のときに「棚卸し」をして在庫を確認し、この期の本当の売上原価を計算します。よくお店がシャッターを下ろして、「棚卸しのため休業させていただきます」と張り紙を出しているのを見かけますが、あれは期末に商品がどれくらい残っているかを確認しているのです。

その期の売上原価を計算する方法は、図表2－3に示す通りです。つまり、前の期に在庫として残っていた「期首商品棚卸高」に、当期に仕入れた「当期商品仕入高」を足して、そこから期末に在庫として認識された「期末商品棚卸高」を差し引きます。これが、その期の正しい売上原価にな

図表 2-3　売上原価の計算方法

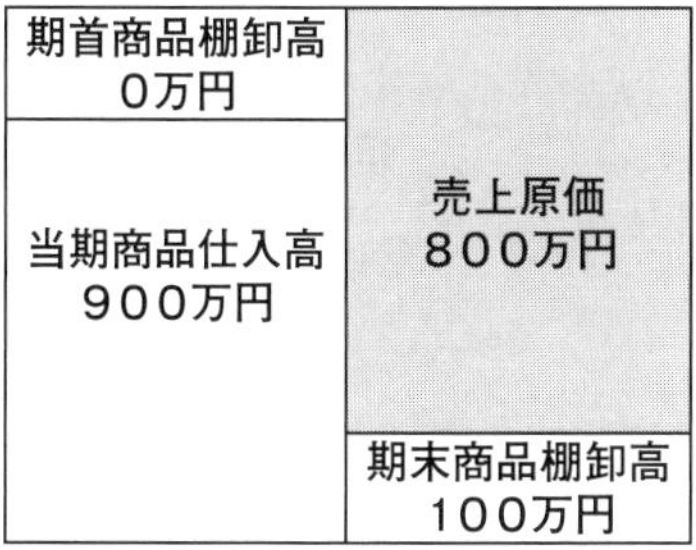

売上原価＝
（期首商品棚卸高＋当期商品仕入高）
－期末商品棚卸高

ります。

今回の例で言えば、みなさんの会社はスタートしたばかりですから期首商品棚卸高は「0」です。当期商品仕入高は、現金仕入の150万円と買掛の仕入の750万円を足して900万円になっています。期末商品棚卸高が100万円ですから、今期の1800万円の売上をあげるために使った原価は、実は800万円だったということです。

この計算方法がわかれば、PLの売上原価の下に期首商品棚卸高、当期商品仕入高、期末商品棚卸高がこの順番に並んでいる理由が理解できると思います。

ここからは次のページの財務3表の図を見ながら読み進めてください。売上原価の中で、期首商品棚卸高は「0」になります。当期商品仕入高は「900」のままで、1000万円分の商品が残っているのですから期末商品棚卸高に「100」が入り、差し引きすると「800」です。この800万円が今期の正しい売上原価になります。この在庫認識で粗利が100万円増えて1000万円になりましたので、当期純利益も775万円に増えます。

在庫を認識することによりPLの利益が100万円増えたので、BSの右側も同様に

100万円増えます。在庫認識で現金は動きません。BSの左側は商品のところに在庫として「100」が入ります。この結果、BSの左右が一致します。みなさんの会社は期末に棚卸を行い、100万円の在庫があることを、この時点で会計上認識したということです。

現金の動きは全くありませんので、直接法CSに動きはありません。間接法CSの一番上には、PLの税引前当期純利益の「775」が入ります。現金の動きがないのに税引前当期純利益が100万円増えてしまいました。これは在庫を認識したことが原因で税ですから、現金の動きがないことを表しておくには、その在庫認識分を差し引きしておかなければなりません。これが「棚卸資産の増加」の項目の「マイナス100」です。これで、直接法CSの営業活動によるCF計の数字と一致します。

ここで会社の粉飾について少し説明しておきます。読者のみなさんは「粉飾」と言われると、利益を無理やり減らして税金を減らすことだと思われるかもしれません。もちろん、そういう操作も粉飾ですが、世の中で大きな話題になっている粉飾は、赤字を黒字に見せかける粉飾です。赤字になると困ることがたくさん出てきます。赤字が続くと、金融機関はお金を貸してくれなくなりますし、公共工事を仕事にしている会社などは、赤字が続くと応札さえできなくなることもあります。

会社がこっそり利益を増やす場合に、架空の在庫認識を行います。これまで勉強したように、１００万円の在庫があると認識すれば、原価が１００万円下がって、利益が１００万円増えます。もし、３００万円の在庫があると架空の認識をすれば、原価が３００万円下がって、利益が３００万円増えるのです。

損益計算書（PL）

❶PLに影響を与えるか

❷BSとつながっている

売上高	1800
売上原価	
期首商品棚卸高	0
当期商品仕入高	900
期末商品棚卸高	100
差引	800
売上総利益（粗利）	1000
販管費	
給料手当	50
外注費	20
荷造運賃発送費	100
事務用品費	5
減価償却費	
営業利益	825
営業外費用	
支払利息	50
繰延資産償却費	
経常利益	775
税引前当期純利益	775
法人税等	
当期純利益	775

❻「税引前当期純利益」を書き写す

貸借対照表（BS）　（単位：万円）

資産の部		負債の部	
流動資産		**流動負債**	
現金及び預金	397	買掛金	
売掛金	500	短期借入金	
商品	100	未払法人税等	
		預り金	2
		固定負債	
固定資産		長期借入金	
有形固定資産		**純資産の部**	
工具器具備品	50	**株主資本**	
		資本金	300
繰延資産		利益剰余金	
創立費	30	繰越利益剰余金	775
資産合計	1077	**負債・純資産合計**	1077

❸左右が一致する

❹現金の動きを確認する

❺上下が一致する

直接法CS

営業キャッシュフロー	
営業収入(＋)	1300
商品の仕入支出(－)	-900
人件費支出(－)	-48
その他の営業支出(－)	-125
小　計	227
利息の支払額(－)	-50
法人税等の支払額(－)	
営業活動によるCF計	177
投資キャッシュフロー	
固定資産取得(－)	-50
その他の投資支出(－)	-30
投資活動によるCF計	-80
財務キャッシュフロー	
短期借入収入(＋)	500
短期借入返済(－)	-500
株式発行収入(＋)	300
財務活動によるCF計	300
現金＆同等物の増減額	397
現金＆同等物期首残高	0
現金＆同等物期末残高	397

❼一致する

間接法CS

営業キャッシュフロー	
税引前当期純利益	775
減価償却費(＋)	
支払利息(＋)	50
その他非資金損増加(＋)	
売上債権の増加(－)	-500
棚卸資産の増加(－)	-100
仕入債務の増加(＋)	
その他負債の増加(＋)	2
小　計	227
利息の支払額(－)	-50
法人税等の支払額(－)	
営業活動によるCF計	177

投資CFと財務CFは直接法CSと同じ

⑰「減価償却費10万円」と「繰延資産償却費6万円」を計上する

パソコンを50万円で購入してBSに資産として計上しましたが、その後財務3表では何もせずにそのままになっています。パソコン代金の50万円の支払いはすでに済んでいます。しかし、パソコンを使って利益をあげているわけですから、当期の利益を正しく計算するためには、パソコンの費用も何らかの形で計上しておかなければなりません。このような、何年にもわたって使用するものの費用計上には、減価償却という考え方を使います。

まずは減価償却の考え方を説明しておきましょう。パソコンは期首に50万円で購入したわけですが、購入した年にこの50万円をすべて費用計上すれば、購入した年の利益だけが極端に悪くなります。しかし、パソコンは今年も来年もその次の年も使うわけです。このような何年にもわたって使用するものについては、その使用年限に按分して、その期の費用を計上していきます。これが減価償却です。図表2-4の一番上の図の通りです。

この使用年限をどうやって決めるかということですが、固定資産の耐用年数は、財務省令で「法定耐用年数」が定められています。

また、減価償却の方法には、期ごとに一定額を償却していく「定額法」と、毎期一定率を償却していく「定率法」があります。定額法・定率法ともに財務省令で耐用年数毎の償却率が定められています。パソコンの法定耐用年数は4年ですが、ここでは計算を簡単にするために「耐用年数5年の定額償却」で処理します。

図表2-4　減価償却の考え方

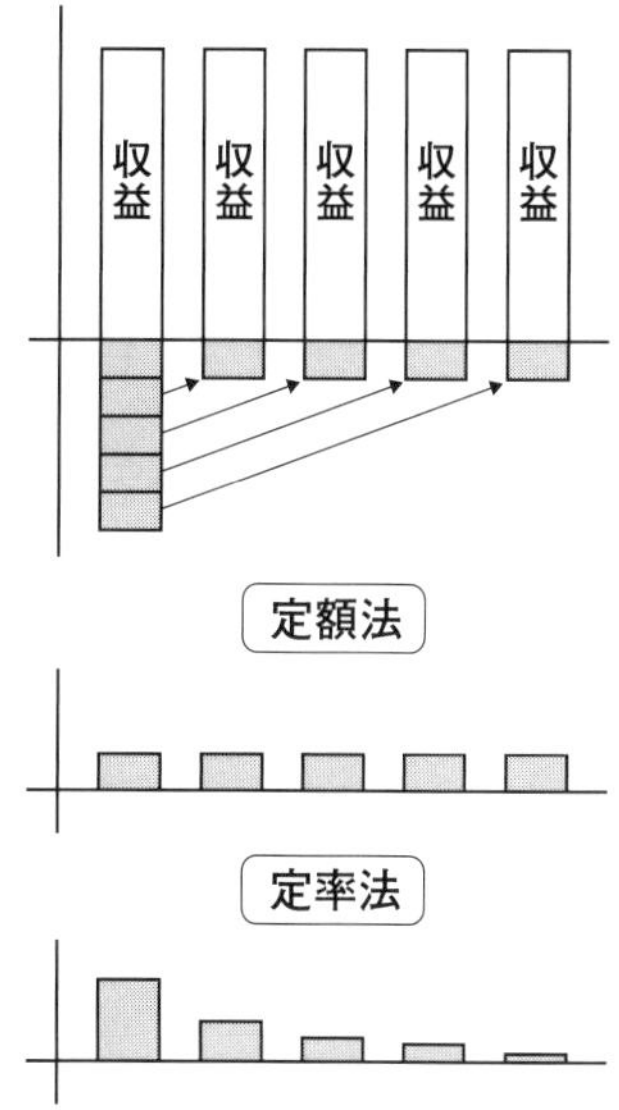

定額法の耐用年数5年の償却率は0・2です。これは、50万円のパソコンを5年使うと考えるわけですから、今期に計上すべきパソコンの費用は50÷5で10万円、つまり50万円×0・2＝10万円の減価償却費になります。今期の売上をあげるのに、

50万円のパソコンの5分の1の価値を今期に使ったという考え方です。

ちなみに、定率法の耐用年数5年の償却率は0・4になっています。償却率が40％ということですから、1年目が50万円×0・4で20万円を償却し、1年目の償却後の価値は、期首の50万円から1年目に20万円を償却して、30万円となります。2年目の償却額は、この残りの30万円に同じ償却率0・4を掛けて計算します。つまり、30万円×0・4で12万円になります。

このように、定額法で償却するより定率法で償却した方が、期の初めの方にたくさんの費用が落ちていくわけです。前のページの図表2－4の通りです。

定額法を選ぶか定率法を選ぶかは自由に選択できます。定率法を使った方が、期の早いうちにたくさんの費用を計上できるわけですから、期の早いうちから利益がたくさん出ているような会社は定率法が有利かもしれません。一方、会社の立ち上げに苦しんでいて、期の早いうちは費用を抑えたいと思っているような会社は定額法がフィットしているでしょう。

ただ、建物・建物附属設備・構築物・無形固定資産などは無条件で定額法が採用され、定率法を選ぶことはできません。建物・建物附属設備・構築物・無形固定資産以外の固定資産については、償却方法を決めたら税務署に「減価償却資産の償却方法の届出書」を提出します。提出しなかった場合は法定償却方法が適用されます。ほとんどの資産の法定償却方法は定率法ですから、定率法を選択するのであれば届出は不要です。

減価償却の制度は2007年に大きく改正されました。以前は、法定耐用年数を経た後でも、固定資産には「残存価値」があるとしていたのですが、2007年4月以降に購入したものについては、全額償却できることになりました。ただ、償却期間が終わっても社内にモノとして残っているので、価値を0円とはせず、備忘価格として1円とすることになっています。

耐用年数についてもう少し突っ込んだ説明をしておきます。それは税法と会計の違いについてです。税法の一番の目的は公平に税金をとることです。一方、会計の一番の目的は、会社の正しい状況を伝えることです。税法の目的は公平に税金をとることですから、各社が勝手に耐用年数を決められては困ります。したがって、税法の世界では財務省令によって、みなが使用すべき法定耐用年数が決められています。

一方、会計の目的は、会社の正しい状況を伝えることです。例えば、同じ機械装置であっても、会社によって使用状況は違います。昼間8時間だけ使っている会社もあれば、24時間フル稼働で使っている会社もあるでしょう。当然、同じ機械装置でも使用状況が違えば、現実的な耐用年数も違ってきます。ですから、会社の正しい状況を伝える会計の世界では、その会社の使用状況に合った耐用年数を決めるべきなのです。

しかしながら、いくら会計の世界で使用状況に合った耐用年数を決めてみても、税金を計算する場合には、財務省令で定めた法定耐用年数が使われます。そういう事情があるので、一般的には会計の世界でも、税法で使う法定耐用年数を横滑りで使っているというのが実情です。なお、税法と会計の基準の違いについては『新版 財務3表一体理解法 発展編』で詳しく説明しています。

118ページの⑤のお題で取り上げた創立費の「繰延資産」も、定額償却と同じような考え方です。開業に係る費用は、本来なら会社が続く限り、ずっと影響を及ぼすことになりますが、会計上はそういかないので年限が決まっています。ちなみに、創立費は5年以内に償却しなければなりません。したがって、30÷5で6万円を繰延資産償却費として計上します。

さて、これらはPLにどう表せばよいのでしょうか。減価償却費は販管費の中で処理し、創立費の償却は営業外費用で処理します。[*9]

ここからは次のページの財務3表の図を見ながら読み進めてください。減価償却費が10万円、繰延資産償却費が6万円計上されますので、この影響で当期純利益は16万円少なくなって、759万円になります。この結果、当期純利益とつながっているBSの右側も16万円減ります。償却費の計上では現金は動きませんが、償却した分だけ「資産」の価値も減じておく必要があります。BSの左側では、パソコンという工具器具備品50万円の価値のうち、この期に10万円分の価値を使ったので40万円の価値になり、繰延資産の創立費も同じように、6万円償却したので残りが24万円になります。これで、BS

＊9　繰延資産として資産計上できる費用は創立費、開業費、開発費、社債発行費、株式交付費の5つと説明しましたが、開業費は販管費か営業外費用で処理し、開発費は売上原価もしくは販管費で処理します。それ以外は営業外費用で処理することになっています。

の左右が一致します。

現金の動きは全くありませんので、直接法CSに動きはありません。一方、間接法CSの一番上には、PLの税引前当期純利益の「759」が入ります。現金の動きがないのに、税引前当期純利益が16万円減ってしまいました。減価償却費と繰延資産償却費を計上したのが原因ですから、その分を足し戻す必要があります。「減価償却費」に「10」を、繰延資産償却費は「その他非資金損増加」の項目に「6」を計上しておきま

損益計算書（PL）

❶PLに影響を与えるか

損益計算書（PL）	
売上高	1800
売上原価	
期首商品棚卸高	0
当期商品仕入高	900
期末商品棚卸高	100
差引	800
売上総利益（粗利）	1000
販管費	
給料手当	50
外注費	20
荷造運賃発送費	100
事務用品費	5
減価償却費	10
営業利益	815
営業外費用	
支払利息	50
繰延資産償却費	6
経常利益	759
税引前当期純利益	759
法人税等	
当期純利益	759

❷BSとつながっている

❻「税引前当期純利益」を書き写す

貸借対照表（BS）　（単位:万円）

資産の部		負債の部	
流動資産		流動負債	
現金及び預金	397	買掛金	
売掛金	500	短期借入金	
商品	100	未払法人税等	
		預り金	2
		固定負債	
固定資産		長期借入金	
有形固定資産		純資産の部	
工具器具備品	40	株主資本	
		資本金	300
繰延資産		利益剰余金	
創立費	24	繰越利益剰余金	759
資産合計	1061	負債・純資産合計	1061

❸左右が一致する

❺上下が一致する

❹現金の動きを確認する

直接法 CS

営業キャッシュフロー	
営業収入(+)	1300
商品の仕入支出(−)	-900
人件費支出(−)	-48
その他の営業支出(−)	-125
小　計	227
利息の支払額(−)	-50
法人税等の支払額(−)	
営業活動によるCF計	177
投資キャッシュフロー	
固定資産取得(−)	-50
その他の投資支出(−)	-30
投資活動によるCF計	-80
財務キャッシュフロー	
短期借入収入(+)	500
短期借入返済(−)	-500
株式発行収入(+)	300
財務活動によるCF計	300
現金&同等物の増減額	397
現金&同等物期首残高	0
現金&同等物期末残高	397

❼一致する

間接法 CS

営業キャッシュフロー	
税引前当期純利益	759
減価償却費(+)	10
支払利息(+)	50
その他非資金損増加(+)	6
売上債権の増加(−)	-500
棚卸資産の増加(−)	-100
仕入債務の増加(+)	
その他負債の増加(+)	2
小　計	227
利息の支払額(−)	-50
法人税等の支払額(−)	
営業活動によるCF 計	177

投資CFと財務CFは直接法CSと同じ

す。繰延資産の償却はあまり出てきませんので、「その他非資金損増加」に入れてありますが、「創立費償却」という項目を立てている会社もあります。

この減価償却という考え方と、買掛・売掛・源泉所得税などの現金の動きのない取引の処理を勉強していただいたことで、第1章で説明した「PLは現金の動きをあらわす表ではなく、その期の正しい利益をあらわす表である」という意味がご理解いただけたと思います。

⑱法人税200万円を計上する

日本の伝統漆器の海外販売というコンセプトで、初年度から700万円を超える利益を出すことができました。上々のスタートですが、利益が出たぶん税金を支払わなければなりません。法人関連の税金には法人税、法人住民税、法人事業税の3つがあり、それぞれに税率が細かく決まっていて、全部足した税額はおおむね課税所得の30％程度です。

法人税の計算は税法に則って行われます。法人税の計算の基準となるのは、会計の「税引前当期純利益」ではなく、税法でいう「課税所得」です。税法では交際費や貸倒引当金の扱いが会計の基準と少し異なっているため、「税引前当期純利益＝課税所得」にはなりません。このことについては『新版 財務3表一体理解法 発展編』で詳しく説明しています。ここでは簡単に法人税が200万円だとしましょう。

PLの中では、税引前当期純利益の下の「法人税等」に200万円が計上され、当期純利益が５５９万円に減ります。これは、ＢＳの繰越利益剰余金につながっていますから、そこも「５５９」が入ります。

決算期に法人税額を計算して財務諸表にその数字を計上しますが、実際の法人税の支払いは、決算日の翌日から数えて２カ月以内に行います。つまり、その期の法人税の支払いはその期中に行われるのではなく、次の期に入ってから行われます。したがって、ＰＬに法人税を計上しても、ＢＳの左側の現金及び預金は動きません。その代わり、２

損益計算書（PL）

売上高	1800
売上原価	
期首商品棚卸高	0
当期商品仕入高	900
期末商品棚卸高	100
差引	800
売上総利益（粗利）	1000
販管費	
給料手当	50
外注費	20
荷造運賃発送費	100
事務用品費	5
減価償却費	10
営業利益	815
営業外費用	
支払利息	50
繰延資産償却費	6
経常利益	759
税引前当期純利益	759
法人税等	200
当期純利益	559

❶PLに影響を与えるか

❷BSとつながっている

❻「税引前当期純利益」を書き写す

貸借対照表（BS）　（単位：万円）

資産の部		負債の部	
流動資産		流動負債	
現金及び預金	397	買掛金	
売掛金	500	短期借入金	
商品	100	未払法人税等	200
		預り金	2
		固定負債	
固定資産		長期借入金	
有形固定資産		純資産の部	
工具器具備品	40	株主資本	
		資本金	300
繰延資産		利益剰余金	
創立費	24	繰越利益剰余金	559
資産合計	1061	負債・純資産合計	1061

❸左右が一致する

❺上下が一致する

❹現金の動きを確認する

直接法 CS

営業キャッシュフロー	
営業収入(+)	1300
商品の仕入支出(−)	-900
人件費支出(−)	-48
その他の営業支出(−)	-125
小　計	227
利息の支払額(−)	-50
法人税等の支払額(−)	
営業活動によるCF計	177
投資キャッシュフロー	
固定資産取得(−)	-50
その他の投資支出(−)	-30
投資活動によるCF計	-80
財務キャッシュフロー	
短期借入収入(+)	500
短期借入返済(−)	-500
株式発行収入(+)	300
財務活動によるCF計	300
現金＆同等物の増減額	397
現金＆同等物期首残高	0
現金＆同等物期末残高	397

❼一致する

間接法 CS

営業キャッシュフロー	
税引前当期純利益	759
減価償却費(+)	10
支払利息(+)	50
その他非資金損増加(+)	6
売上債権の増加(−)	-500
棚卸資産の増加(−)	-100
仕入債務の増加(+)	
その他負債の増加(+)	2
小　計	227
利息の支払額(−)	-50
法人税等の支払額(−)	
営業活動によるCF 計	177
投資CFと財務CFは直接法CSと同じ	

00万円は将来支払わなければならない負債として扱い、BSの右側の「未払法人税等」に「200」を入れます。繰越利益剰余金が200万円押し下げられますが、このように流動負債に未払法人税等が200万円計上されますので、BSの左右が一致します。

現金の動きは全くありませんので、直接法CSに動きはありません。営業CFに「法人税等の支払額」という項目がありますが、これは実際に法人税が支払われた時点で計上されます。そういう意味では、同じ期の財務3表のPLに計上される法人税等と、CSに計上される法人税等の支払額は常に異なる数字が入るのです。PLの法人税等は、その期の正しい利益を計算するためのその期の税額が計上され、CSの法人税等の支払額には、前期の税額の確定した後の、当期支払った法人税等の支払額が入るのです。

これが、間接法CSの計算の起点を「税引前当期純利益」にしているひとつの理由です。もし、間接法CSの計算の起点を「当期純利益」にしても、現金の動きを求めるにはPLに計上されている法人税等を足し戻して、改めてその期に実際に支払った税金の支払額を差し引かなければなりませんから。

間接法CSの一番上には、例によってPLの税引前当期純利益の「759」が入ります。「税引前」で法人税の影響を受けない数字なので、これをそのまま計算していけば、直接法CSの営業活動によるCF計の「177」と一致します。

これで財務3表を使っての取引の説明は終わりですが、現実に法人税が支払われたときにはどうなるのでしょうか。詳しいことは省きますが、BSだけ説明しておきます。法人税200万円が支払われると、BSの左側の現金及び預金が200万円少なくなります。同時に、実際に税金を支払ったため、BSの右側の未払法人税等の200万円も消えて、BSの右と左が一致するようになるのです。もちろん、翌期に税金が支払われたときの、翌期のBSの話ですが。

（3）配当の仕組みと「株主資本等変動計算書」を理解する

①会社はだれのものか

ここまでの説明で、会計の基本的な仕組みはご理解いただけたと思います。ただ、もうひとつ重要な項目が残っています。それは、配当の仕組みと「株主資本等変動計算書」の説明です。

私は、配当の仕組みが理解できていないと、「会計の仕組みがわかった」とは言えないと思っています。さらに言えば、配当の仕組みが理解できていないと、複式簿記会計が資本主義社会においていかに重要な役割を果たしているかということもわかりません。ここからが、会計の仕組み理解編の最後の重要ポイントだと思って気合を入れて読み進めていってください。

ここからの説明は、資本主義社会の論理に則って説明していきます。簡単に言えば、

図表 2-5　**利益と配当とBSの関係**

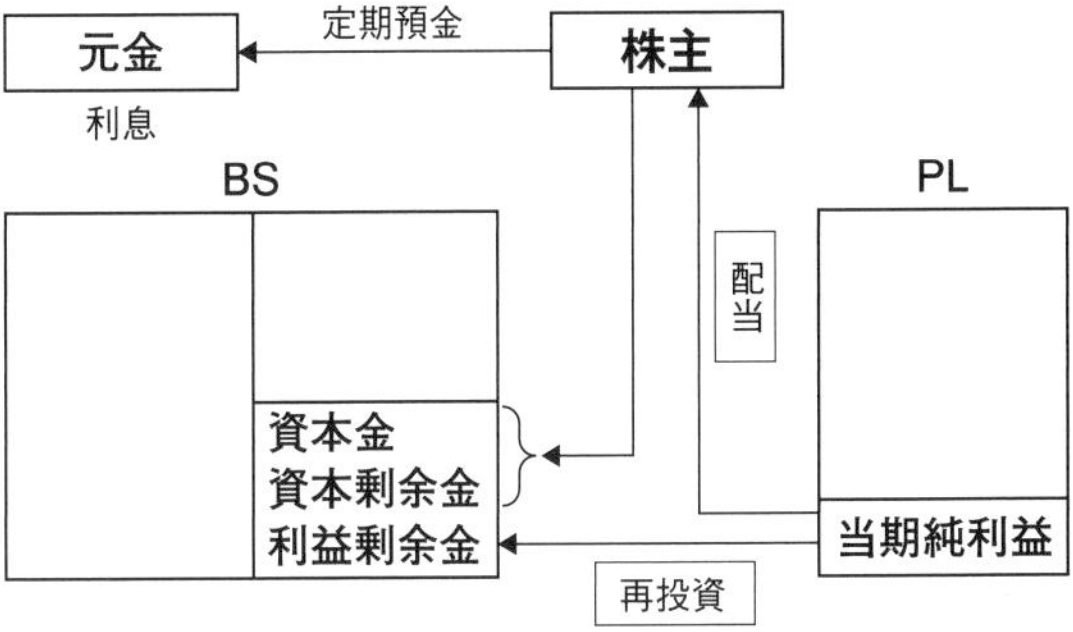

「会社は株主のものである」ということを基本に説明していきます。日本では「会社はだれのものか」ということに関して、いろんな意見がありますが、アメリカで「会社はだれのものか」と問えば、即座に「会社は株主のものである」という答えが返ってきます。資本主義の論理にしたがえば会社は株主のものです。

図表2－5をご覧ください。ＢＳの図が会社を表していると思ってください。この会社に株主が出資して、この会社を保有しています。株式保有率100％の、一人株主だと思っていただくのがわかりやすいと思います。

この会社が1年間事業活動を行うと、ＰＬに売上高があがります。その売上高からすべての費用を差し引くと当期純利益が残ります。さて、この当期純利益はだれのものでしょうか。

この当期純利益は株主のものです。会社は株主のものだからです。そう言ってもなかなかしっくりこない人もいるのではないでしょうか。「この当期純利益は、会社が稼ぎ出したのだから会社のものだろう」と考える方がおられると思います。

②利益と配当とBSの関係

なぜこの株主はこの会社に出資しているのでしょうか。株主や会社によって、出資する事情はさまざまでしょう。ただ、一般的に共通する理由は、株主は自分のお金を株式投資によって増やしたいと思うから出資をするのです。

世の中に、お金を増やす方法はたくさんあります。投資信託などの金融商品や不動産を買ったりという方法があります。安全に増やそうと思えば、国債を買ったり定期預金に預けたりなどさまざまです。それらの方法のひとつとして、この株主は株式投資をしていると考えてください。

ただ、株式投資にはリスクがあります。元本部分である、出資した株式の価値が変動するからです。株価が上がっているときはいいですが、株価が下がれば損をします。そこで、この株主はリスクを避けるために、株式投資をやめて定期預金に替えたとします。

例えば、100万円出資していたのをやめて、定期預金に100万円預けたとします。そうすると、この株主は利息を受け取ります。年利1％の定期預金だとすれば、1年で1万円の利息を受け取ります。この利息はだれのものでしょうか。質問するまでもなく、この株主のものですね。

定期預金の利息1万円は、1年満期になるたびに引き出して、元金部分の100万円だけの定期預金を続けるという運用方法があります。一方、この利息分は受け取らずに、元金部分に自動的に積み増して、複利で運用するという方法もあります。

実は、定期預金における元金と利息の関係が、株式投資における資本金と当期純利益の関係によく似ているのです。定期預金の利息にあたる当期純利益を毎年会社から引き出すのが配当です。一方、配当をさせずに、元金部分である資本金に積み増して、この会社に複利で運用してもらうのが、BSの利益剰余金に当期純利益が積み増されていくということなのです。

ただ、207ページの図表2－5の当期純利益から伸びる線は少し間違っています。正しく言えば、当期純利益はいったんすべて利益剰余金に積み上がって、その利益剰余金の中から配当に回すものと、会社の内部に残るものの2つに分かれるのです。

ただ、ここでみなさんに理解しておいていただきたいことは次の2つです。ひとつ目は、定期預金における元金と利息の関係は、株式投資における資本金と当期純利益の関係によく似ているということ。2つ目は、PLの「当期純利益」と「配当」とBSの「純資産の部」の3か所は、密接に関係しているということです。

③「純資産の部」の構造

BSの純資産の部は、配当や当期純利益と密接に関係しているのですが、これまで純資産の部についてほとんど触れてきませんでしたので、ここで純資産の部の構造について少し説明しておきます。

図表2－6をご覧ください。これはBSの純資産の部の表記例です。純資産の部は会計の専門家ではない人が最後まで理解に苦しむところですが、その詳細については『新

版 財務3表一体理解法 発展編』で説明しています。ここでは、次に説明する「株主資本等変動計算書」を理解していただくために、「I株主資本」の内容だけを簡単に説明しておきます。

「I株主資本」は、大きく「1資本金」「2資本剰余金」「3利益剰余金」の3つに分かれます。「4自己株式」については『新版 財務3表一体理解法 発展編』で詳しく説明しています。ここでは取りあえず「4自己株式」については無視しておいてください。

図表 2-6
純資産の部の構造

Ⅰ 株主資本
　1 資本金
　2 資本剰余金
　　(1) 資本準備金
　　(2) その他資本剰余金
　3 利益剰余金
　　(1) 利益準備金
　　(2) その他利益剰余金
　　　任意積立金
　　　繰越利益剰余金
　4 自己株式
Ⅱ 評価・換算差額等
　1 その他有価証券評価差額金
　2 繰延ヘッジ損益
　3 土地再評価差額金
Ⅲ 新株予約権

「1資本金」は株主から資本金として注入されたものです。「2資本剰余金」の中に「(1)資本準備金」という項目がありますが、これはさまざまな理由から、払込資本のうち資本金として計上しない額を積み立てておくところです。「⑵その他資本剰余金」は、資本金や資本準備金を取り崩した場合に、その減少差額などが入るところです。このあたりの内容についても『新版　財務3表一体理解法発展編』で詳しく説明しています。

ここでは「1資本金」と「2資本剰余金」は同じ種類のもの、つまり207ページの図表2－5で言えば、株主から直接会社に注入されたお金に係るものだと理解しておいてください。財務の専門家が財務分析をするときも、資本金と資本剰余金はセットで見ています。

「2資本剰余金」の下に「3利益剰余金」があります。利益剰余金は資本剰余金と言葉が似ていますが、その内容は全く異なります。図表2－5で言えば、利益剰余金は会社が稼ぎ出した当期純利益が、BSに積み上がったものです。

この「3利益剰余金」の中に「⑴利益準備金」というものがあります。法律の定めにより、配当する場合に配当金の10分の1が会社内部に積み上がっていくのが利益準備金です。

「3利益剰余金」の中の「任意積立金」とは、法律の定めによるものではなく、会社が独自に内部に積み立てるものです。つまり、配当として外部に出すのではなく、内部に積み立てることを株主総会で決めてしまっているのが任意積立金です。

「3利益剰余金」の中の「繰越利益剰余金」は、これまで何度も説明してきたように、PLの当期純利益が積み上がったものです。

④「株主資本等変動計算書」とは何か

ここまでの説明をベースにして、次のページの図表2-7を見てください。これが「株主資本等変動計算書」です。これまで「財務3表」と言ってきましたが、実はこの「株主資本等変動計算書」を加えて、4つの表でひとつの財務諸表が構成されるのです。

株主資本等変動計算書がどんな表なのかを説明しましょう。図表2-7の表の一番上の項目を左から順に見てください。一番左が資本金で、一番右側が新株予約権です。つまり、211ページの図表2-6でも説明したBSの純資産の部の各項目が、左から右に順に並んでいるのです。このBSの純資産の部の項目が、当期首残高から当期末残高へ、どのような理由でどれだけ変化したかを表したのが株主資本等変動計算書なのです。

評価・換算差額等			
その他有価証券評価差額金	繰延ヘッジ損益	土地再評価差額金	新株予約権
xxx	xxx	xxx	xxx
xxx	xxx	xxx	xxx
xxx	xxx	xxx	xxx
xxx	xxx	xxx	xxx

なぜ、株主資本等変動計算書が必要なのかということを、216ページの図表2－8で説明します。時間が左から右に流れていると見てください。3月末決算の会社です。PLとCSの特徴を英語で表現すれば「フロー」、つまり1年間の売上と費用と利益がPLに書かれています。CSは1年間の現金の動きを表しています。一方、BSは「ストック」、つまり前期3月末（つまり当期首）時点の財産残高一覧表、当期3月末時点の財産残高一覧表です。

網掛けになっているのは、BSの純資産の部の数字です。BSの純資産の部の数字は、当期首から当期末にかけて、いろんな変動要因で複雑に変化します。もちろん、純資産

図表 2-7　**株主資本等変動計算書**

	株主資本							
		資本剰余金		利益剰余金				
					その他利益剰余金			
	資本金	資本準備金	その他資本剰余金	利益準備金	任意積立金	繰越利益剰余金	自己株式	
当期首残高	300	xxx	xxx	0	0	559	△xxx	
当期変動額								
新株の発行		xxx						
剰余金の配当						△60		
利益準備金の積立				6		△6		
任意積立金の積立					200	△200		
当期純利益						0		
自己株式の処分							xxx	
XXX								
株主資本以外の項目の当期変動額								
当期変動額合計	-	xxx	-	6	200	△266	xxx	
当期末残高	300	xxx	xxx	6	200	293	△xxx	

図表 2-8　**なぜ株主資本等変動計算書が必要なのか**

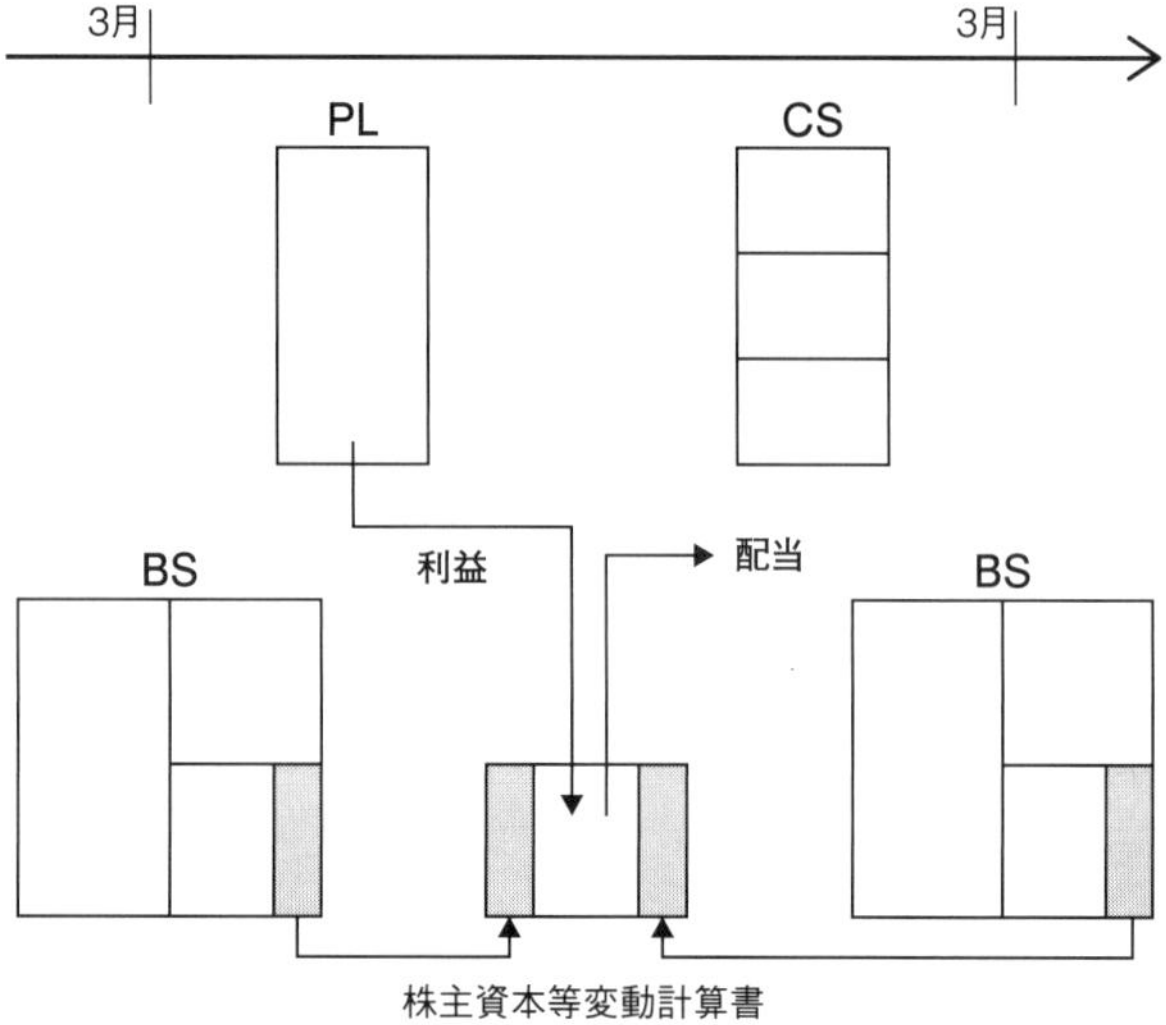

の部以外の項目も数字は変化します。しかし、例えば売掛金は、当期首の売掛金の数字が当期末の売掛金の数字に変化するだけです。

ところが、ＢＳの純資産の部はさまざまな要因により、複雑に変動していきます。すでに勉強したように、利益があがればそれがＢＳの繰越利益剰余金に積み上がっていきます。

また、会社法が施行されて、今は年に何回でも配当してよいことになっています。利益に対する配当金が支払われれば、基本的には繰越利益剰余金が減少します。

この当期首から当期末にかけて、いろんな理由で複雑に変化するBSの純資産の部の変化を株主資本等変動計算書で表しているのです。

図表2－7が横形式の株主資本等変動計算書、次のページの図表2－9が縦形式の株主資本等変動計算書です。縦形式は、純資産の部の項目が上から下に縦にならんでいて、項目ごとに当期首残高、当期変動額、当期末残高が記載されています。

有価証券報告書提出書類としては、横形式の株主資本等変動計算書に一本化されましたが、過去には縦形式で作られた株主資本等変動計算書もありますので、みなさんはどちらかの株主資本等変動計算書を見ることになるでしょう。

⑤「株主資本等変動計算書」がPLとBSをつないでいる

これまでは一貫して、「PLの当期純利益がBSの繰越利益剰余金とつながってい る」と説明してきました。しかし、実は220・221ページの図表2－10のように、PLの当期純利益は株主資本等変動計算書の当期純利益とつながっていて、その株主資本等変動計算書が、当期首のBSの純資産の部と当期末のBSの純資産の部をつなげて

図表 2-9　**株主資本等変動計算書（縦形式）**

株主資本			
資本金	当期首残高		300
	当期変動額		0
	当期末残高		300
資本剰余金			
資本準備金	当期首残高		xxx
	当期変動額	新株の発行	xxx
	当期末残高		xxx
その他資本剰余金	当期首残高及び当期末残高（注1）		xxx
利益剰余金			
利益準備金	当期首残高		0
	当期変動額	配当に伴う積立	6
	当期末残高		6
その他利益剰余金			
任意積立金	当期首残高		0
	当期変動額	任意積立金の積立	200
	当期末残高		200
繰越利益剰余金	当期首残高		559
	当期変動額	剰余金の配当	△60
		利益準備金の積立	△6
		任意積立金の積立	△200
		当期純利益	0
	当期末残高		293
自己株式	当期首残高		△xxx
	当期変動額	自己株式の処分	xxx
	当期末残高		△xxx
評価・換算差額等			
その他有価証券評価差額金	当期首残高		xxx
	当期変動額		xxx
	当期末残高		xxx
繰延ヘッジ損益	当期首残高		xxx
	当期変動額		xxx
	当期末残高		xxx
土地再評価差額金	当期首残高		xxx
	当期変動額		xxx
	当期末残高		xxx
新株予約権	当期首残高		xxx
	当期変動額		xxx
	当期末残高		xxx

注1：期中における変動がない場合は、「当期首残高及び当期末残高」のみを表示することができる。

いるイメージなのです。なお、図表2－10の株主資本等変動計算書の上部の項目は、資本剰余金などの項目を割愛し、株主資本の中の資本金と利益剰余金の内項目だけを記載しています。

図表2－10を簡単に説明しておきましょう。左上の第1期の期首のBSの純資産の部の数字を見てください。すべての数字が「0」でした。第1期に資本金300万円で会社を設立し、営業活動によって559万円の当期純利益があがりました。この資本金300万円と当期純利益559万円がBSの純資産の部をどう変化させたのかということが、株主資本等変動計算書に書かれています。

そして、期首にすべて「0」だった純資産の部の項目が、1年間の変化で株主資本等計算書の一番下に書かれている「当期末残高」の数字になっています。この数字が図表2－10の左下にある第1期末のBSの純資産の部とつながっているわけです。

配当の額はPLにもBSにも表れません。配当の額はこの株主資本等変動計算書に表れるのです。配当は年に何回でも行えると言いましたが、もし第1期に総額60万円の配当を行っていたとすれば、株主資本等変動計算書は222ページの図表2－11のように

第1期の損益計算書（PL）

売上高	1800
売上原価	
期首商品棚卸高	0
当期商品仕入高	900
期末商品棚卸高	100
差引	800
売上総利益（粗利）	1000
販管費	
給料手当	50
外注費	20
荷造運賃発送費	100
事務用品費	5
減価償却費	10
営業利益	815
営業外費用	
支払利息	50
繰延資産償却	6
経常利益	759
税引前当期純利益	759
法人税等	200
当期純利益	559

第1期の株主資本等変動計算書

	株主資本			
		利益剰余金		
			その他利益剰余金	
	資本金	利益準備金	任意積立金	繰越利益剰余金
当期首残高	0	0	0	0
当期変動額				
新株の発行	300			
剰余金の配当				
利益準備金の積立				
任意積立金の積立				
当期純利益				559
当期変動額合計	300	0	0	559
当期末残高	300	0	0	559

図表2-10
「株主資本等変動計算書」がPLとBSをつないでいる

第1期首の貸借対照表(BS)

(単位:万円)

資産の部		負債の部	
流動資産		流動負債	
現金及び預金		買掛金	
売掛金		短期借入金	
商品		未払法人税等	
		預り金	
		固定負債	
固定資産		長期借入金	
有形固定資産		純資産の部	
工具器具備品		株主資本	
		資本金	0
繰延資産		利益剰余金	
創立費		繰越利益剰余金	0
資産合計	0	負債・純資産合計	0

第1期末の貸借対照表(BS)

資産の部		負債の部	
流動資産		流動負債	
現金及び預金	397	買掛金	
売掛金	500	短期借入金	
商品	100	未払法人税等	200
		預り金	2
		固定負債	
固定資産		長期借入金	
有形固定資産		純資産の部	
工具器具備品	40	株主資本	
		資本金	300
繰延資産		利益剰余金	
創立費	24	繰越利益剰余金	559
資産合計	1061	負債・純資産合計	1061

図表 2-11
配当を行った場合の第1期の株主資本等変動計算書

（単位:万円）

	株主資本			
		利益剰余金		
			その他利益剰余金	
	資本金	利益準備金	任意積立金	繰越利益剰余金
当期首残高	0	0	0	0
当期変動額				
新株の発行	300			
剰余金の配当				△ 60
利益準備金の積立				
任意積立金の積立				
当期純利益				559
当期変動額合計	300	0	0	499
当期末残高	300	0	0	499

なります。

剰余金の配当のところに「マイナス60」が記載されています。話を簡単にするために配当に伴う利益準備金の積み立ては無視しています。[*10] 配当を行ったことにより繰越利益剰余金は559万円から60万円減って499万円になっています。この499万円が第1期末のBSの繰越利益剰余金につながっていくわけです。

配当を60万円行うことにより第1期末のBSの右側は60万円

減ります。では、ＢＳの左側はどうなるのでしょうか。ＢＳの左側は、配当金の支払いとして現金が60万円減るわけです。このようにＢＳは左右の合計が常に一致するのです。最後に読者のみなさんに伝えておかなければならないことがあります。これまで、ＰＬの当期純利益がＢＳの繰越利益剰余金と一致するような言い方をしてきましたが、それは会社設立初年度という特殊な環境だったからです。つまり、前期からの繰越利益剰余金の繰越がなかったので、ＰＬの当期純利益とＢＳの繰越利益剰余金の数字が一致していたのです。

第2期からはＰＬの当期純利益とＢＳの繰越利益剰余金が一致するわけではありません。ＰＬは毎期ゼロから作り直しですが、ＢＳの繰越利益剰余金には前期からの繰越が

＊10　配当を行う場合、ある一定条件を満たすまでは、配当金の10分の1を利益準備金として積み立てなければなりません。配当金60万円と、それに伴う利益準備金6万円の積み立て、さらには任意積立金として２００万円を積み立てた場合の株主資本等変動計算書の動きは、２１４・２１５ページの図表２‐７をご参照ください。利益準備金や任意積立金への積み立てとは、現金が動くのではなく、繰越利益剰余金の数字がそれぞれ利益準備金と任意積立金へ移動するだけなのです。

あるからです。ただし、PLの当期純利益とBSの繰越利益剰余金の数字が一致していなくても、PLの当期純利益とBSの繰越利益剰余金がつながっていることは間違いありません。

もし、第2期に200万円の当期純利益が出たとすれば、当然第2期のPLの当期純利益は200万円です。ところが、BSの繰越利益剰余金は前期からの繰越があります。220・221ページの図表2－10で言えば、第1期末のBSの繰越利益剰余金は559万円です（先ほど説明した配当金の話は無視しておいてください）。第2期末のBSでは、すでにある559万円の繰越利益剰余金に、第2期の当期純利益200万円が加わりますから、第2期末のBSの繰越利益剰余金は759万円になるわけです。

これで「財務3表一体理解法」による会計の仕組み理解編はすべて終了です。ここまでくれば、会計の全体像と基本的な仕組みが見えてきたのではないでしょうか。

ひとりでも「ドリル勉強」ができる

ここまでの説明で、会計の仕組みが見えてきたと思いますが、さらに会計の仕組みを体で覚えるくらいにしっかりと理解するための方法をひとつ提案しておきます。

会計を理解するにはやはり「手を動かす」ということが効果的です。私の会計研修で受講生のみなさんに行っていただいていることは、この「財務3表一体理解法」を使って、ドリル形式で数字を記入していただくという作業です。手を動かして勉強すると、本を読んだだけでは完全にわかっていなかった点が発見でき、より深い理解につながります。

巻末の折込ページの裏側に、この第2章で使った財務3表を、記入欄を空白にして掲載しています。これを拡大コピーして、実際に第2章の1～18題を、自分で数字を入れて実践してみてください。

また、私の会社（ボナ・ヴィータ コーポレーション）のホームページのトップページ（http://www.migiude.com）から、この財務3表の空白シートのエクセル版が無料でダウンロードできます。利益計算や各欄の合計計算、さらには財務3表のつながり箇所が自動計算されるようにしていますので、さらに使い勝手がよいでしょう。

ただ、注意していただきたいのは、ダウンロードできるエクセル版の財務3表の空白シートは2種類あります。弊社のホームページのトップページにあるバナーをクリックすると、本書用のものと、2016年に出版した『増補改訂 財務3表一体理解法』用のものが出てきます。本書をお読みの方は『新版 財務3表一体理解法』用のものをダウンロードしてください。ダウンロードのやり方やソフト自体に関するサポートはできかねますので、悪しからずご了承ください。

この一枚の紙を使ったドリル勉強法こそが、私が約20年前に顧問先の社長さんに初めて教えた「財務3表一体理解法」の原型です。数字を記入しては次のお題に進み、前の数字を消しゴムで消しながら新しい数字を記入していく。そうすることで、本書をただ読むだけとは違う、新たな発見がいくつもあると思います。

なお、記入した数字を消しゴムで消す必要のない、課題と解答がページをめくるとどんどん出てくるタイプのドリル形式の書籍としては『書いてマスター! 財務3表・実践ドリル』(日本経済新聞出版)があります。

附　章　財務3表の読み解き方

本書の冒頭で説明したように、ＰＬとＢＳとＣＳの表の構造を勉強しただけでは会計の仕組みは理解できません。だからといって、簿記や仕訳の勉強をしなければ会計の仕組みが理解できないというわけでもありません。財務３表を一体にして勉強すれば、会計の全体像とその仕組みが簡単に理解できるのです。

ここまでくれば、読者のみなさんには財務分析のための基礎が作られたと言えます。しかし、財務分析のセンスを磨くには、財務分析の基本的な考え方を学ぶと同時にたくさんの事例にあたる必要があります。会計の専門家ではない人向けの財務分析の考え方と方法論については『新版　財務３表図解分析法』で詳しく説明しています。

ただ、『新版　財務３表図解分析法』を読む前に、この時点ですでにいろんな会社の財務諸表を見てみたくなった人もおられると思います。そのような方のために、財務３表の読み解き方をごくごく簡単に説明しておきます。

（1）PLとBSを図にしてみる

財務諸表にはたくさんの数字が記載されています。ただ、30ページの図表1－2に示したように、財務諸表が表しているのは、すべての企業に共通する お金を集める →投資する →利益をあげる という3つの活動だけなのです。そして、会社の社長の重要な仕事のひとつは、この3つの活動を効率よく運営することです。

ですから、財務諸表から会社の状況を分析しようと思えば、私たち会計の専門家でない人間は、まずこの お金を集める →投資する →利益をあげる という3つの活動が効率よく行われているのかどうかをチェックすればいいのです。

この3つの活動が効率よく行われているかどうかをチェックするには、PLとBSを図にするのが効果的です。54・55ページの図表1－10で説明したように、デジタルデータをアナログ化して図にすれば、多くの情報を直感的に把握できるようになります。私たち会計の専門家ではない人間が財務分析をする場合、この図解分析の手法を活用する

図表 附-1　**PLとBSを図にしてみる**

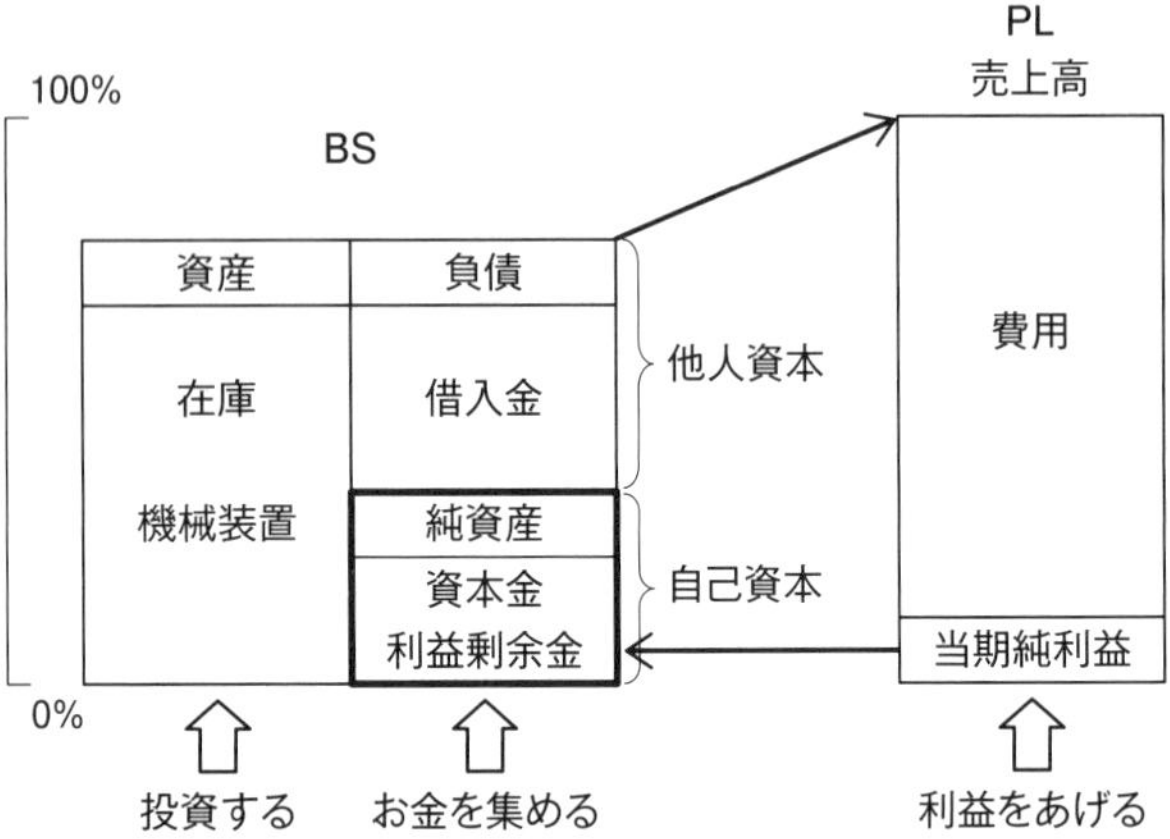

ことが極めて効果的です。

図表附－1はPLとBSの数字の大きさが図の大きさでわかるように作図したものです。すべての企業に共通する3つの活動のうち、お金を集めるがBSの右側に、投資するがBSの左側に、そして利益をあげるがPLに、それぞれ表されています。

実は、この図こそが資本主義社会の事業の仕組みを表しているのです。資本主義社会における事業は、株主の自己資本である資本金から始まります。それがBSの右下に表されています。もし、株主以外の人がお金を貸してくれれば他人資本としてお金が集まります。この自己資本と他人資本を使って資産を調達します。その調達された資産がＢＳの左側に表されています。そしてこの調達した資産を使って売上をあげます。その売上からすべての費用を差し引くと当期純利益が残ります。この当期純利益が利益剰余金としてＢＳに積み上がり、株主の自己資本を増やしていくのです。

このＰＬとＢＳを図にするという手法を使って、実在する企業の財務諸表を図にしたのが次のページの図表附-2です。この2社は同じ業界に属する会社ですが、企業名がおわかりでしょうか。2008年3月期のデータですが、Ｂ社の売上高は3兆4758億円です。この売上規模だけで企業名はかなり限定されると思います。

ちなみに、この図の形式は『新版 財務3表図解分析法』で使用しているものなのですが、ＢＳの右側に「有利子負債」と書いてある点線の枠があるのは、読んで字のごとく「利子の有る負債」のことです。具体的に言えば、短期借入金、長期借入金、社債などです。すでに勉強していただいたように、ＢＳの負債の部の中には買掛金、預かり金、未払法人税といった純粋な借金ではない負債も入っていますので、純粋な借金がどれくらいあるのかをＢＳの右側に抜き出して表記しているのです。

B社

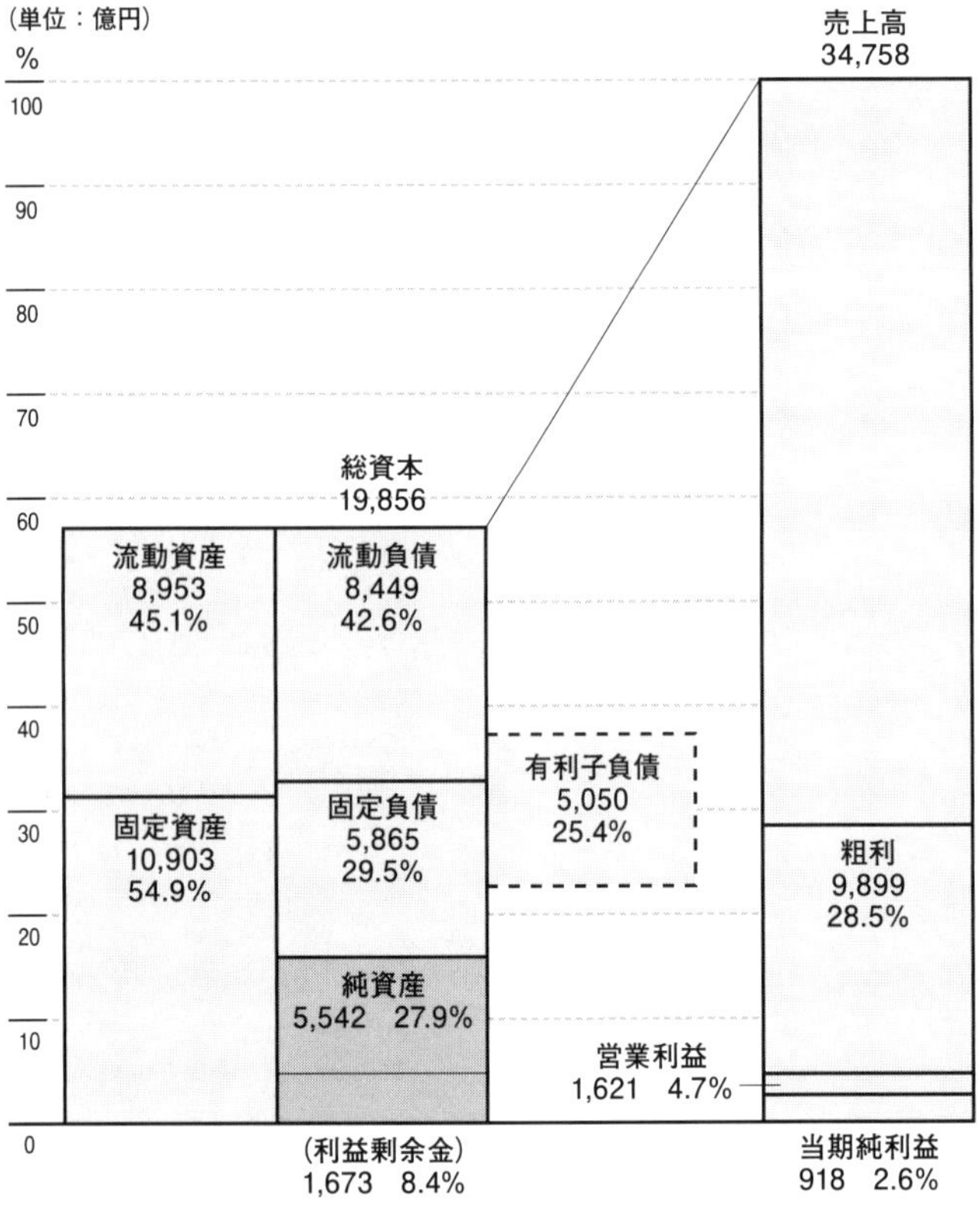

(単位：億円)
%
100
90
80
70
60
50
40
30
20
10
0
総資本
19,856
流動資産
8,953
45.1%
固定資産
10,903
54.9%
流動負債
8,449
42.6%
固定負債
5,865
29.5%
純資産
5,542 27.9%
(利益剰余金)
1,673 8.4%
有利子負債
5,050
25.4%
売上高
34,758
粗利
9,899
28.5%
営業利益
1,621 4.7%
当期純利益
918 2.6%

図表 附-2　**実在する企業のPLとBS(2008年3月期)**

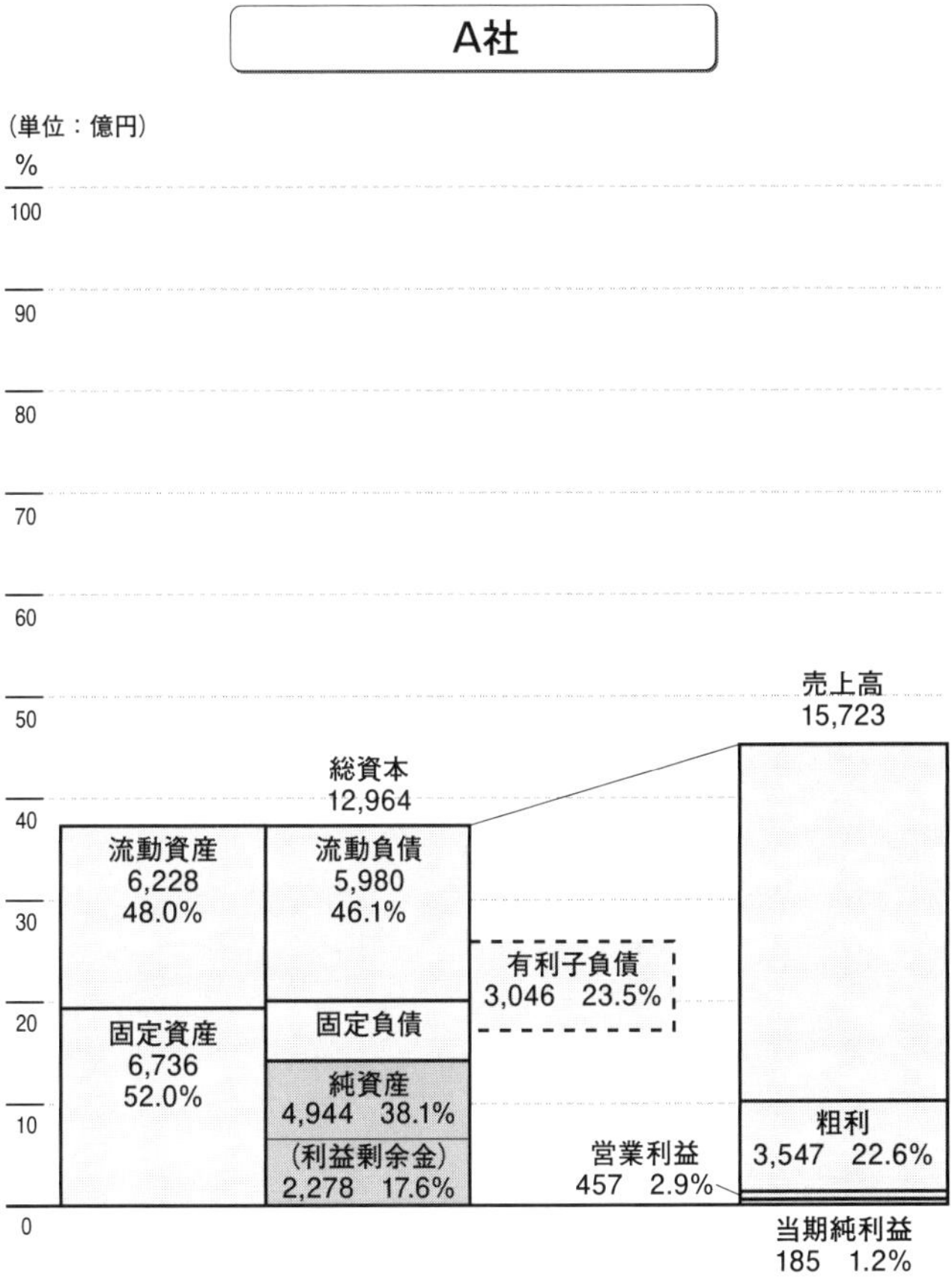

A社とB社を比較すると、売上規模で言えばA社はB社の半分以下の会社です。とはいっても、A社の売上高は1兆5723億円もありますから、かなりの規模の会社であることは間違いありません。

このA社とB社のPLとBSは2020年3月期には次のページの図表附－3のようになっています。[*11] B社の売上規模は2008年3月期と2020年3月期でほとんど変わりがありませんが、A社の2020年3月期の売上高は3兆3441億円であり、2008年3月期の1兆5723億円に比べて2倍以上になっています。

A社の2020年3月期の利益剰余金は1兆3972億円という莫大な額になっています。利益剰余金とはこれまでの当期純利益が積み上がったものですから、A社はこの12年間かなり好調な業績が続いたものと思われます。

PLとBSを図にすると、このような規模の変化だけでなく、重要な財務分析指標も直感的に把握できます。

財務分析と言えば、流動比率や自己資本比率などといった財務分析指標が頭に浮かぶ方が多いと思います。財務分析指標の数は本当に山ほどあります。ただ、それら山ほどある財務分析指標は、大きく「収益性」「安全性」「成長性」の3つに分類できます。

まずは説明が簡単な「成長性」から始めましょう。「成長性」については、ある一定期間における数字の変化を見ればわかることです。図表附-2と図表附-3の図を比較すれば、いろんな数字の変化が直感的にわかります。例えば、A社は売上規模が2倍以上になっただけでなく、営業利益率は2・9%から6・3%へ、当期純利益率は1・2%から4・6%へと、格段に良くなっています。

次は「安全性」です。安全性の分析指標については、54・55ページの図表1-10で、イトーヨーカ堂とダイエーを例にとって「流動比率」「固定比率」「固定長期適合率」について説明しました。図表1-10のようにBSを図にすると、企業の安全性も直感的にわかります。

*11　A社の2008年3月期の財務諸表は日本基準ですが、2020年3月期は国際会計基準（IFRS）で作られています。厳密に比較しようとすれば会計基準の違いによる調整が必要ですが、本書の比較ではそのような調整は行っていないことをご了承ください。

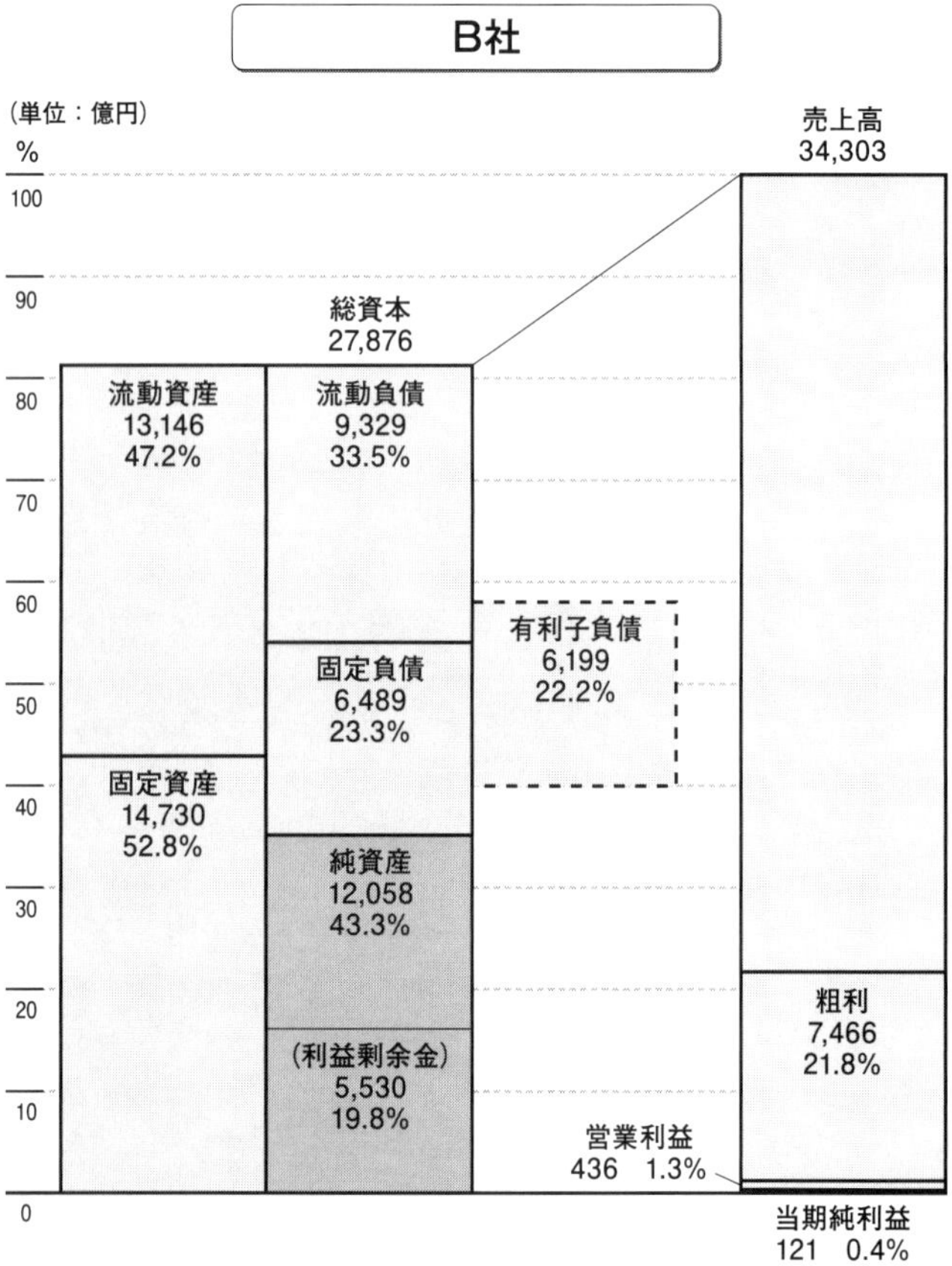
B社
（単位：億円）
%
100
90
80
70
60
50
40
30
20
10
0
総資本
27,876
流動資産
13,146
47.2%
固定資産
14,730
52.8%
流動負債
9,329
33.5%
固定負債
6,489
23.3%
純資産
12,058
43.3%
（利益剰余金）
5,530
19.8%
有利子負債
6,199
22.2%
売上高
34,303
粗利
7,466
21.8%
営業利益
436　1.3%
当期純利益
121　0.4%

図表 附-3　**実存する企業のPLとBS（2020年3月期）**

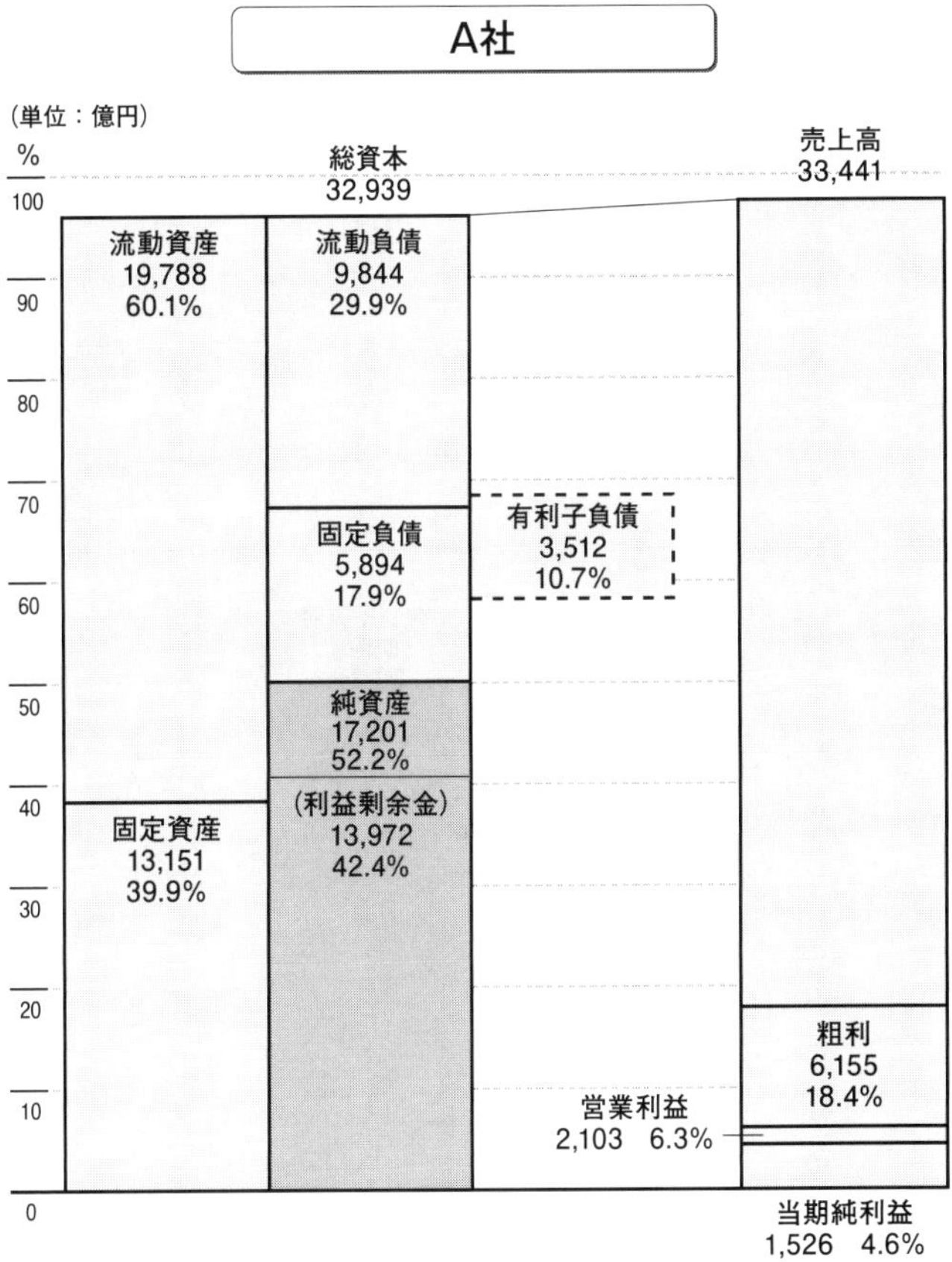

図表附－3のA社の2020年3月期の図を見てください。A社は流動比率（＝流動資産÷流動負債）も固定比率（＝固定資産÷自己資本）も固定長期適合率（＝固定資産÷（自己資本＋固定負債））も極めて良好であることがわかります。

さらに、A社の純資産は総資産に対して52・2％です。これは自己資本比率（＝自己資本÷総資本）が52・2％だということです。自己資本比率の高い会社は安全性が高いと言えます。ちなみに、日本の上場企業の自己資本比率の平均は約44％ですから（『産業別財務データハンドブック2019』日本政策投資銀行・編集のデータによる）、A社の自己資本比率はかなり高い数字になっています。

A社は流動比率も固定比率も固定長期適合率も自己資本比率もすべて高いのですから、安全性はかなり高いと言って間違いありません。そして、これらの安全性の善し悪しがBSを図にすれば瞬時に直感的に把握できるのです。

最後は「収益性」です。A社の収益性が良くなっていることについては、「成長性」のところで営業利益率や当期純利益率を例にとって説明しました。この売上高利益率についてもう少し説明を加えておきます。

ＰＬの一番下にある利益は「当期純利益」ですが、売上高利益率として、分子の利益を何にするかで見えるものが変わってきます。粗利率とは、粗利（＝売上総利益）を売上高で割ったものです。売上高から売上原価を差し引いたものが粗利ですから、粗利率からは商品の魅力度や商品自体の利益率が読み取れます。

営業利益は本業の営業活動による利益ですから、営業利益率から本業の利益率がわかります。経常利益は本業及び本業以外のすべての事業活動による経常的な利益ですから、経常利益率からは、営業活動以外の財務活動などを含めた事業全体の経常的な利益率がわかるのです。

ただ、収益性分析の核になるのはＲＯＥです。ＲＯＥはReturn on Equityの頭文字を取ったものです。このときのReturnは当期純利益を意味し、Equityは自己資本を意味します。つまり、ＲＯＥとは当期純利益を自己資本で割ったものです。

どうしてＲＯＥが収益性の核になるのかを説明しましょう。２３０ページの図表附－1で、ＰＬとＢＳは資本主義社会の事業の仕組みを表していると説明しました。つまり、株主の自己資本である資本金が事業というプロセスを通して当期純利益を生み出し、その当期純利益が利益剰余金として株主の自己資本を増やしていくのです。

株主にとっては、自分が出資した資本金が事業というプロセスを通してどれだけの当期純利益が生み出されたかは気になるところです。ですから、株主にとっては、当期純利益を自己資本で割ったＲＯＥが、事業全体の収益性を評価するうえで極めて重要な数値になるのです。上場企業の多くがＲＯＥの数値目標を明確にしているのもそういった理由からなのです。

ちなみに、日本の上場企業のこの10年間のＲＯＥの平均値は、年ごとに３・７％から10・６％の間で推移しています（『産業別財務データハンドブック２０１９』日本政策投資銀行・編集のデータによる）。このＲＯＥを核にした財務分析の方法については『新版　財務３表図解分析法』で詳しく説明しています。

読者のみなさんはA社とB社の会社名がわかりましたか。A社は株式会社ＳＵＢＡＲＵ（かつての富士重工業、以下「スバル」）、B社はマツダ株式会社です。スバルは２０００年代初頭、打つ手打つ手が裏目に出て存続が危ぶまれる状況でした。しかし、その後大躍進しました。経営学者のピーター・ドラッカーは「業績の鍵は集中である[*12]」と言います。スバルは北米市場に集中して業績をあげました。

私も車が嫌いな方ではないので、昔は「いつかはレガシィ」などと思っていたこともありました。しかし、スバルのレガシィという車は数モデル前から完全にアメリカ人向けの車になりました。さらに、スバルは昔から個性的な軽自動車を作っていましたが、それも完全にやめてしまいました。田舎の自動車修理会社はスバルの看板を掲げてスバルの軽自動車を販売していましたから、スバルが軽自動車の生産を中止することは社内外で多くの反対があったものと思われます。

ただ、そういった大きな経営判断がスバルの好業績につながり、それが結果として財務3表に表れてくるのです。

＊12 『創造する経営者』P・F・ドラッカー著、上田惇生訳（ダイヤモンド社）

(2) CS分析の方法

これまで説明してきたように、会計の専門家ではない人がPLとBSを分析するには、PLとBSを図にするのが効果的です。さらに、CSは会計の専門家ではない人が財務分析を行ううえで極めて有益な財務データです。

私の「財務3表一体理解法」という会計勉強法の特徴は、PLとBSの関係の中でCSが理解できることです。読者のみなさんがCSを理解できているということは、これから財務分析を行ううえでとても役立つことになるでしょう。CSを見れば、会社がどんな状況であるかとか、経営者が何を考えて経営しているかとかがわかります。

CSは現金の出入りを表す収支計算書です。それが「営業キャッシュフロー」「投資キャッシュフロー」「財務キャッシュフロー」の3つの欄に分かれているだけです。したがって、これら3つの欄はそれぞれに、現金が増えていっている場合(+)と減っていっている場合(−)に分かれます。この(+)と(−)の組み合わせは、次のページの図表附－4に示すように（＋、＋、＋）から（－、－、－）まで、8通りのパターンがあります。

これら8つのパターンから、会社の状況や経営者の考えていることが読み取れるのです。具体的なパターンの説明をする前に、もう一度営業・投資・財務のそれぞれのキャッシュフローの（＋）と（－）の意味を復習しておきましょう。74・75ページの図表1－16の直接法のCSに戻っていただいても結構です。

営業キャッシュフローは営業活動によって会社のお金が増えているか減っているかを表しています。投資キャッシュフローは投資活動による現金の出入りです。設備投資をしたり有価証券を購入したりしていれば会社からお金が出ていくので（－）、逆に保有していた設備や有価証券を売却していれば会社にお金が入ってくるので（＋）です。財務キャッシュフローは借金をしたり新株を発行したりしていれば会社にお金が入ってくるので（＋）です。逆に借金を返済したり配当したりしていれば会社からお金が出ていくので（－）です。

営業・投資・財務のそれぞれのキャッシュフローの（＋）と（－）の意味を復習して

図表 附-4　**CSの8つのパターン**

パターン番号	①	②	③	④	⑤	⑥	⑦	⑧
営業キャッシュフロー	＋	＋	＋	＋	－	－	－	－
投資キャッシュフロー	＋	＋	－	－	＋	＋	－	－
財務キャッシュフロー	＋	－	＋	－	＋	－	＋	－
キャッシュフローのパターンから、会社の状況を推測した一例	営業活動で現金を生み出しているうえに、借入などで現金を増やしている。さらに、資産を売却している。将来の大きな投資のためにお金を集めているのだろうか。	営業活動と資産売却により現金を生み出し、借入の返済を行っている。財務体質を改善しようとしている会社だろうか。	営業活動で現金を生み出したうえに、借入などで現金を増やし、積極的に投資活動を行っている。将来の戦略も明確な積極拡大型のパターン。	営業活動で生み出した現金を、投資活動や借金の返済に充てている。潤沢な営業ＣＦがある会社だろう。	営業ＣＦのマイナス分を、資産の売却や借入などでまかなっている。問題会社の一般的なパターン。	営業ＣＦのマイナス分と借入金の返済分を、資産の売却でまかなっている。過去の蓄積を切り売りして事業を継続している。たくさんの資産を持っている会社なのかもしれない。	営業活動で現金を生み出せていないが、投資活動を行っている。営業ＣＦと投資ＣＦのマイナス分を借入などでまかなっている。現状は苦しいがよほど将来に自信があるのだろう。	営業活動で現金を生み出せていないのに、投資活動を行い、借金の返済もしている。過去によほどの現金の蓄積があったのだろう。

いただいたうえで、CSの8つのパターンのいくつかを説明しておきましょう。

例えば、パターン①は（+、+、+）のキャッシュフローです。営業キャッシュフローがプラスということは、営業活動によってお金が増えていることを意味します。そして、投資キャッシュフローがプラスということは、保有していた設備や有価証券を売却して会社にお金が入ってきていることを意味します。さらに、財務キャッシュフローがプラスということは、借金をしたり新株を発行したりしてお金を集めていることを意味します。

つまりパターン①は、営業活動によってキャッシュを生み出しているうえに、借金や新株の発行でお金を集め、さらに設備や有価証券を売却してお金を増やしているというのですから、将来の大きな投資のためにお金を集めている段階なのかもしれません。

図表附-4の（+）と（-）のパターンの下側に、8つのパターンの会社がそれぞれどんな会社であるかを推測した一例を示しています。みなさんもそれぞれのパターンについて、会社がどのような状況になっているか、社長が何を考えて経営しているかを推測してみてください。図表附-4の説明は単なる一例です。ほかにもいろんな状況が

図表 附-5 **トヨタのCSの推移**

（単位:億円）

	20×6年3月期	20×7年3月期	20×8年3月期	20×9年3月期	4年計
営業CF	44,609	35,685	42,231	37,666	160,191
投資CF	△ 31,825	△ 29,699	△ 36,601	△ 26,972	△ 125,097
財務CF	△ 4,236	△ 3,752	△ 4,491	△ 5,408	△ 17,887

考えられると思います。

もう一つだけ、パターン④を実在する企業のCSと共に説明しておきましょう。パターン④は（+、−、−）のキャッシュフローです。営業キャッシュフローがプラスということは、営業活動によってお金が増えていることを意味します。そして、投資キャッシュフローがマイナスということは、投資活動によって会社からお金が出ていっていることを意味します。さらに、財務キャッシュフローがマイナスということは、借金の返済や配当金の支払いなどによって会社からお金が出ていっていることを意味します。

図表附-5はトヨタ自動車株式会社（以下「トヨタ」）の21世紀になってからのある4年間のCSの推移です。一貫してパターン④の（+、−、−）のキャッシュフローです。もちろん、図表附-5に記載されている年度以外では、パターン④以外のキャッシュフローのパターンになっていることもあります。

ただ、申し上げたいことは、図表附－5の右端の「4年計」に表れている内容です。4年間に営業活動によって生み出したキャッシュである16兆191億円の大半の12兆5097億円を投資に回していることです。この今日生み出したキャッシュの大半を将来の投資に向けるという傾向は、トヨタのキャッシュフローに一貫していることです。特に製造業は、最新の設備を導入し続けない限り競争優位性が失われます。このようなトヨタのキャッシュフローのパターンが、長期ビジョンで経営している日本の伝統的な優良企業のCSの例なのです。

今日稼いだお金を将来の投資に回すといったことはどんな会社でも行っていると思われるかもしれませんが、優良企業であっても会社によってCSのパターンは大きく異なります。ただ、本書は財務分析を主眼においた本ではありませんので、これ以上CS分析に深入りすることは控えます。いろんな会社のCS分析については『新版 財務3表図解分析法』に譲りたいと思います。

以上、ごく簡単ではありますが、財務3表の読み解き方を説明しておきました。

おわりに

最後までお読みくださりありがとうございました。本書の冒頭に書いたように、読者のみなさんの会計に対するイメージがガラリと変わったのではないでしょうか。会計の知識が全くないところから本書を読み始めた方も、会計の全体像とその基本的な仕組みの理解という観点では、すでにかなりのレベルに達していると思います。

ただ、財務分析については本書の附章でごくごく簡単に説明しただけです。本書を読み終えた段階で読者のみなさんには財務分析のための基礎が作られています。『新版 財務3表図解分析法』は本書の知識レベルさえあれば読み通せるように改訂しています。是非『新版 財務3表図解分析法』で財務分析の考え方と方法論を学んでください。

また、本書で会計の理解が深まったとは言え、本書で説明したのは会計の基本です。

実際の財務諸表を見れば、「退職給付引当金」「減損損失」「法人税等調整額」といったわからない言葉が出てくると思います。それらについては『新版 財務3表一体理解法 発展編』で説明しています。『新版 財務3表一体理解法 発展編』まで読めば、会計に関してわからないところはほぼなくなると思います。会計に興味が出てきた人は、是非トライしてみてください。

逆に、本書のレベルでもまだ難しいと感じた方がおられるかもしれません。そんな方は『ストーリーでわかる財務3表超入門』(ダイヤモンド社)を読んでみてください。この本は「財務3表一体理解法」をさらに易しくした本というより、「複式簿記のPLとBSを単式簿記の収支計算書を通して学ぶ」という新しいコンセプトの会計勉強法を提案した本です。PLは「売上」「費用」「利益」、BSは「資産」「負債」「純資産」、収支計算書は「収入」「支出」「残高」の、それぞれたった3つの単語だけを使って、複式簿記会計の仕組みを小説仕立てで説明しています。『ストーリーでわかる財務3表超入門』を読んでから本書を読めば、本書の内容もスーッと頭に入ってくると思います。

そして、その『ストーリーでわかる財務3表超入門』のコミック版が『マンガでわかる財務3表超入門』(毎日新聞出版)です。私はこの本でマンガの表現力に驚かされました。マンガは少ない文字で多くのことを説明してくれます。

これまで紹介した書籍はどれも「財務会計」の本ですが、会計を現場で活用するという観点からは「管理会計」も学んでおく必要があります。

財務会計は企業外部の関係者に企業の情報を提供するための会計なので定義やルールが事細かに決まっています。しかし、管理会計は企業内部の経営管理のための会計なので明確な定義やルールがあるわけではありません。

管理会計に関する解説書を数冊読めばわかることですが、それぞれの著者が独自の視点・独自の構成で管理会計を説明しています。会計の専門家ではない人にとっては、管理会計に関して何をどのように学べばよいのか戸惑います。

ですが、管理会計は、英語の"Management Accounting"という言葉が示すように、事業をマネジメントするための会計です。事業をマネジメントするための会計なので、本書で説明した事業の全体像である［お金を集める］→［投資する］→［利益をあげる］という3つの活動を意識しながら、つまり財務3表を意識しながら管理会計を学べば、管理会計の全体像とその基本的な考え方が整理された形で理解できるのです。

『財務3表一体理解法「管理会計」編』(朝日新書)で、原価計算、予算による事業マネジメント(予算策定プロセス・損益分岐点分析・CVP分析・予実管理)、キャッシュフロー・マネジメント、投資評価や企業価値評価の方法といった管理会計の全体像とその基本的な考え方を勉強してみてください。

最後に、この紙面をお借りして感謝の気持ちをお伝えしておきたい人がいます。ひとり目は、この15年間にわたって私の本の内容をチェックしてきてくれた友人です。事情があって名前は明らかにできないのですが、公認会計士の彼がいつも私の本を入念にチェックしてくれているおかげで、会計の専門家ではない私が、自信を持って会計の本を世に出すことができています。

次は、朝日新聞出版「朝日新書」編集長の宇都宮健太朗氏と編集委員の首藤由之氏です。お二人は今回の改訂にあたって「会計の初心者にわかりやすいという視点で、既存の書籍をチェックし直そう」と言ってくださり、そこからたくさんの貴重なアドバイスをいただきました。ちなみに、首藤さんは2007年に『決算書がスラスラわかる財務

3表一体理解法』を出版したときの朝日新書の編集担当者でした。「財務3表一体理解法」という書名の名付け親でもあり、その後「朝日新書」編集長、書籍編集部長を歴任されました。

最後は、本書の出版に関してご尽力いただいたすべてのみなさんです。本を出版する際に私はいつも思うのですが、一冊の本ができあがるまでには、図版作成・デザイン・校正・DTP・印刷など、プロの方々の大変なご尽力があります。さらに、本書が読者のみなさんの手元に届くまでには、営業・取次・書店のみなさんの大変なご尽力があります。そのような、表にお名前の出てこないみなさんのご尽力によって、本書がいま読者のみなさんの手元に存在しているのだと思っています。

この場をお借りして、本書の出版にご尽力いただいたみなさんに、心より感謝申し上げます。

本書が末永く、会計の理解に苦しむ多くのみなさんのお役に立つことを心から願っております。

國貞克則

國貞克則 くにさだ・かつのり

1961年岡山県生まれ。東北大学機械工学科卒業後、神戸製鋼所入社。海外プラント建設事業部、人事部、鉄鋼海外事業企画部、建設機械事業部などで業務に従事。1996年米国クレアモント大学ピーター・ドラッカー経営大学院でMBA取得。2001年ボナ・ヴィータ コーポレーションを設立。日経ビジネススクールなどで公開セミナーやｅラーニングの講座を担当している。著書に『新版 財務３表一体理解法 発展編』『新版 財務３表図解分析法』（ともに朝日新書）、『渋沢栄一とドラッカー 未来創造の方法論』（KADOKAWA）、訳書に『財務マネジメントの基本と原則』（東洋経済新報社）などがある。

朝日新書
803

新版《しんぱん》 財務《ざいむ》３表《さんぴょう》一体《いったい》理《り》解《かい》法《ほう》

2021年２月28日第１刷発行
2024年９月30日第６刷発行

著　者　國貞克則

発行者　宇都宮健太朗
カバーデザイン　アンスガー・フォルマー　田嶋佳子
印刷所　TOPPANクロレ株式会社
発行所　朝日新聞出版
〒104-8011　東京都中央区築地5-3-2
電話　03-5541-8832（編集）
　　　03-5540-7793（販売）

Published in Japan by Asahi Shimbun Publications Inc.
ISBN 978-4-02-295112-0
定価はカバーに表示してあります。

落丁・乱丁の場合は弊社業務部（電話03-5540-7800）へご連絡ください。
送料弊社負担にてお取り替えいたします。

発達「障害」でなくなる日

朝日新聞取材班

こだわりが強い、コミュニケーションが苦手といった発達障害の特性は本当に「障害」なのか。学校や会社、人間関係などに困難を感じる人々の事例を通し、当事者の生きづらさが消える新しい捉え方、接し方を探る。「朝日新聞」大反響連載を書籍化。

藤原氏の1300年
超名門一族で読み解く日本史

京谷一樹

摂関政治によって栄華を極めた藤原氏は、一族の「ブランド」を最大限に生かし続け、武士の世も、激動の近現代も生き抜いた。大化の改新の中臣鎌足から昭和の内閣総理大臣・近衛文麿までの90人を取り上げ、名門一族の華麗なる物語をひもとく。

台湾有事　日本の選択

田岡俊次

台湾有事——本当の危機が迫っている。米中対立のリアル、思考停止する日本政府の実態、日本がこうむる人的・経済的損害の実相。選択を間違えたら日本は壊滅する。安保政策が歴史的大転換を遂げた今、老練の軍事ジャーナリストによる渾身の警告！

どろどろの聖人伝

清涼院流水

サンタクロースってどんな人だったの？　12使徒の生涯とは？　キリスト教の聖人は、意外にも2000人以上存在します。そのなかから、有名な聖人を取り上げ、その物語をご紹介。聖人伝を通して、日本とは異なる文化を楽しんでいただけることでしょう。

一億三千万人のための『歎異抄』

高橋源一郎

戦乱と飢饉の中世、弟子の唯円が聞き取った親鸞の『歎異抄』。救い、悪、他力の教えに、西田幾多郎、司馬遼太郎、梅原猛、吉本隆明は魅了され、著者も10年近く読みこんだ。『歎異抄』は親鸞の『君たちはどう生きるか』なのだ。今の言葉で伝えるみごとな翻訳。

朝日新書

ブッダに学ぶ 老いと死

山折哲雄

俗人の私たちがブッダのように悟れるはずはない。しかし、紀元前500年ごろに80歳の高齢まで生きたブッダの人生、特に悟りを開く以前の「俗人ブッダの生き方」と「最晩年の姿」に長い老後を身軽に生きるヒントがある。坐る、歩く、そして断食往生まで、実践的な知恵を探る。

ハーバードが教える 最高の長寿食

満尾 正

ハーバードで栄養学を学び、アンチエイジング・クリニックを開院する医師が教える、健康長寿を実現する食事術。正解は、1970年代の和食。和食は、青魚や緑の濃い野菜、みそや納豆などの発酵食品をバランスよく摂れる。毎日の食事から、健康診断の数値別の食養生まで伝授。

藤原道長と紫式部
「貴族道」と「女房」の平安王朝

関 幸彦

光源氏のモデルは道長なのか？ 紫式部の想い人は本当に道長なのか？ 摂関政治の最高権力者・道長と王朝文学の第一人者・紫式部を中心に日本史上最長400年の平安時代の真実に迫る！ NHK大河ドラマ「光る君へ」を読み解くための必読書。

沢田研二

中川右介

芸能界にデビューするや、沢田研二はたちまちスターに。だが、「時代の寵児」であり続けるためには、過酷な競争に生き残らなければならない。熾烈なヒットチャート争いと賞レースを、いかに制したか。ジュリーの闘いの全軌跡。圧巻の情報量で、歌謡曲黄金時代を描き切る。

朝日新書

老後をやめる
自律神経を整えて生涯現役

小林弘幸

定年を迎えると付き合う人も変わり、仕事という日常もなくなる。環境の大きな変化は自律神経が大きく乱れ「老い」を加速させる可能性があります。いつまでも現役でいるためには老後なんて区切りは不要。人生を楽しむのに年齢の壁なんてない！　名医が説く超高齢社会に効く心と体の整え方。

限界分譲地
繰り返される野放図な商法と開発秘話

吉川祐介

全国で急増する放棄分譲地「限界ニュータウン」売買の驚愕の手口を明らかにする。高度成長期からバブル期にかけて「超郊外住宅」が乱造された経緯に迫り、原野商法やリゾートマンションの諸問題も取り上げ、時流に翻弄される不動産ビジネスへの警鐘を鳴らす。

老いの失敗学
80歳からの人生をそれなりに楽しむ

畑村洋太郎

「老い」と「失敗」には共通点がある。長らく「失敗」を研究してきた「失敗学」の専門家が、80歳を超えて直面した現実を見つめながら実践する、「老い」に振り回されない生き方とは。老いへの対処に生かすことができる失敗学の知見を紹介。